INTRODUCTION
À LA PHILOSOPHIE
CHRÉTIENNE

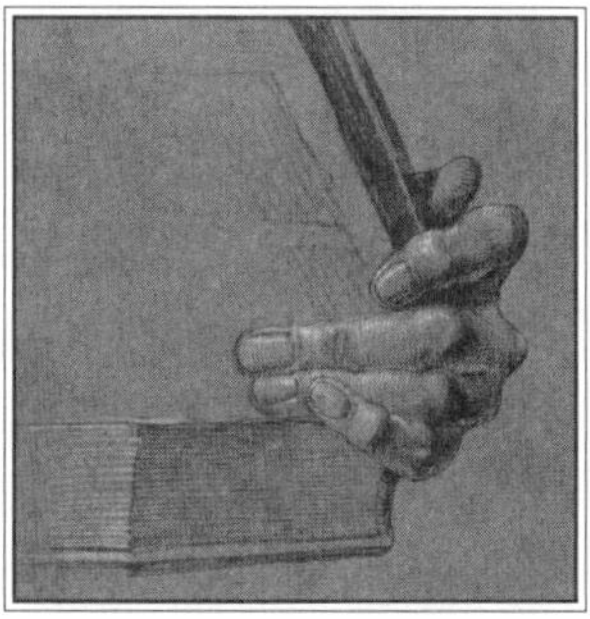

キリスト教哲学入門

聖トマス・アクィナスをめぐって

エティエンヌ・ジルソン
山内志朗監訳　松本鉄平訳

慶應義塾大学出版会

キリスト教哲学入門　目次

凡例

一、本文中の〔 〕は訳者による補足説明である。

一、本文中のフランス語は立体に、ラテン語は斜体で示した。

一、本文中の引用文献の略号は以下のとおりである。

ST. Thomas Aquinas, *Summa theologiæ*, partie, question, article.（トマス・アクィナス『神学大全』）

CG. Thomas Aquinas, *De veritate catholicæ fidei contra Gentiles*, partie, chapitre, paragraphe selon la division du texte dans l'édition léonine.（トマス・アクィナス『対異教徒論駁大全』）

QDV. Thomas Aquinas, *Quæstiones disputatæ de Veritate*, question, article.（トマス・アクィナス『定期討論問題集：真理論』）

QDP. Thomas Aquinas, *Quæstiones disputatæ de potentia*, question, article.（トマス・アクィナス『定期討論問題集：能力論』）

DSC. Thomas Aquinas, *Quæstiones de Spiritualibus creaturis*, article.（トマス・アクィナス『霊的被造物』）

EE. Thomas Aquinas, *De ente et essentia*.（トマス・アクィナス『存在と本質』）

MD. Suarez, *Metaphysicæ disputationes*.（スアレス『形而上学討論集』）

PL. Migne, *Patrologia latina*, volume et colonne.（ミーニュ編『ラテン・パトロロギア』）

PG. Migne, *Patrologia græca*, volume et colonne.（ミーニュ編『ギリシア・パトロロギア』）

一、『神学大全』の引用文については、創文社版（全四十五巻、一九六〇～二〇一二年）を、『聖書』の引用文については、日本聖書協会の新共同訳版を参考にし、適宜修正を施した。

序　文

〈キリスト教哲学〉というと、普通、教皇レオ十三世が回勅『アエテルニ・パトリス』で記した哲学のあり方を考えることができる。教皇はその際、聖トマス・アクィナスの教義を〈キリスト教哲学〉のモデルとして提示した。

たしかに、聖トマスは、大いに称讃されてきた。その功績を考えれば惜しみなく称讃されるべきである。しかし、その称讃といっても、いつも正しく見きわめられてなされたことではなかった。聖トマスに向けられた批判が激しく、粗暴なものになる場合も少なくなかった。真理への切なる愛に由来する批判は害になるばかりではない。それらが十分に基礎を持ったものではなかったとしても、読者を、そして著者自身をも真理への道を置き入れてくれるものでもある。最も大きな害となるのは、何度も繰り返し述べられることで、一般に認められた真理として流通してしまい、教義の意味を曖昧にし、その実体を歪め、多くの人に間違った道を歩ませ、精神の糧を得られたかもしれない人たち、救いの道を見つける術を得られたかもしれない人たちを迷わせてきたことである。

カトリック教会が学校の守護聖人として選び、その教義を、神学と哲学に関して正しい教育の基準・標準として推奨してきた聖人・学者〔聖トマス・アクィナス〕についても、そういった批判を免れられるわけではない。スコラ神学一般はキリスト教の真理にとって有害であると言われてきた。スコラ神学は信仰を理性に、啓示を哲学に、救いをもたらす愛と信仰を知の傲慢に置き換えてしまうからというのだ。聖トマスはこういう非難において、その神学的な権威であることを考えれば相応の役割を果たしてきたし、それは僅少なものではない。とはいえ、そういった非難はその向きがまったく誤っているというわけでもない。こういった誤りの源泉を追究することは骨の折れる仕事であり、いずれにしてその結論は不確かなままにとどまる。この小著は、逆の真理を明らかにしようとするものだ。つまり、聖トマス・アクィナスの神学は霊性を排除するどころか、霊性そのものなのであるということだ。

このことは自ずと明らかになってくるはずである。ある神学者の神学がその名にふさわしいことは、神に関する真理を聖書の教えと神の作品の考察において探究する際の、その著者の知性と愛の運動としか考えられない。これこそ聖トマス・アクィナスの神学に当てはまる。彼の神学は技術的な厳密さと基本的概念の極度の抽象性を備えているために、接近することは誰にとっても容易ではないし、ある人たちにとっては実際上不可能なものになっている。しかし、この困難は聖トマスの神学の対象や意味を変えてしまうものではない。〈信仰の知解〈*intellectus fidei*〉〉という目的が、その言葉の意味を理解できる者に接近不可能であると考えることは正しいことではない。聖トマスの議論を技巧を凝らして正当化しようとすれば、そこで現れてくる無味乾燥や複雑さは読む気をそぐけれども、精神に燦然と輝き現れる真理の光は、それらが表現される言葉のうちでも何らかの程度において知覚できるはずである。

この書で取り上げられる命題のいくつかはこの書において熟考してもらうために選ばれた。これらはまったくわたしの個人的な選択でしかない。わたしが特に望むのは、聖トマスの教義を支配し、それの理解可能性を確かなものとしているある基本的概念に光を当てることなのである。理由は後で語られるであろうが、聖トマスは、自分の神学を、自らの哲学的思考の最も個人的な特徴部分だけを含んでいるような体系へと圧縮しようとは望まなかった。その結果、彼の教義で最も独創的なのは、いうなれば数多くの教義の海のなかで溺れてしまっているということだ。その教義の集積は、自分自身の教義とは言うことはできないとしても、聖トマスが初めて然るべき仕方で扱ったからこそ彼の思想と言ってよいようなものなのである。ここでのわたしの目的は、基本的で、いわば生まれにおいてトマス的な概念を明晰なものとすることである。そうすることによってしか、他の用語についてもトマスが用いる場合の意味も理解可能なものとはならない。そういった概念がなければ、他の神学から区別され、聖トマス・アクィナスという人物に帰せられる教義としてのトマス主義はありえないのである。そして、そういう事実を見ると、トマス的といってよい概念が存在していることも見えてくる。彼の著作の織り地のなかに入り込み、その豊かさを高めている他の概念も、そういった基本的概念があるからこそトマス的なものとなっているのである、

こういった一般的な理由のほかに、主要なるテーマについてこの本では選択を行ったが、その結果を見れば、教会のおもだった博士たちの思考のある言明や特徴を自ずから反映していることがわかるだろう。

それらを報告する著述家の書いたものをふたたび読めば、必ずや、人間精神がその言葉の意味を熟考しながら神に近づく場合に、可能なかぎり神の側に連れて行ってくれているという印象を与えてくれる。わたしの唯一の望みは、この経験の他の人とわかち合うことである。これは論証されるような問題ではなく、示すことしかできない問題である。自分の歩む道を見つけ、見逃してしまえば形而上学の死を引き起こすような崇高な神秘に自分の仕方で接近する道を探すことは、一人一人の読者に委ねられている。その崇高な神秘を、愛の謙遜のなかで熟考することは、知恵の業《わざ》ではなく、信仰の業なのである。神に至る道は数多くあるが、そのいずれも無益ではなく、次の一つの道が選択肢としてあるのはよいことなのだ。つまり、科学や学問の道でも読書の道でもなく、むしろ一連の思索がその道である。聖トマスから借りてこられ、精神の熟考のために提示された神学的な主題について、読者一人一人が自分の仕方で自由に行う一連の熟考こそ、そういった道としてある。

第一章　信仰のなかの哲学

Philosopher dans la foi

他面、その「反論（*Sed contra*）」に言う、「出エジプト記」第三章に「われはありてある者である（*Ego sum, qui sum*）」という神自らに出でる言葉が語られている（ST. I, 2, 3）。

神学者たちは、神のこの言葉〔われはありてある者である〕を頻繁に引用する。そして神の権威そのものへの信仰に基づきながら、神にのみふさわしい名前とは〈存在（Être）〉だと確定するのである。〔聖トマス・アクィナスの〕『神学大全』の場合、この言葉は第二問第三項反論に現れる。その項で問われているのは、〈*Utrum Deus sit*〉、すなわち〈神はあるか（y a-t il un Dieu ?）〉、あるいは慣用表現に従えば〈神は実在するか（Dieu existe-t-il ?）〉である。

この言葉は聖書から取り入れられているため、神自身がわれわれに対して、神は実在するかという問題に答えていることを意味するのは確かだ。その言葉を認めること、それは神自身がそう言ったのだから〈神はある（Dieu est）〉、と信じるということである。このような意味で、神の実在（existence）を真実だと考えられるのは神の言葉を信じるという行為のおかげなのだ。

このことから、神が実在するという認識は、普遍的な射程と否定しがたい確信を得ることになる。実際、神が実在することの哲学的証明を理解していない人間でさえ、神の啓示を通じてこの真理を知る。哲学者であろうとなかろうと、聖書の説教によって神の言葉を伝えられ、それを神に由来するものとして受け取る人間はみな、そのことによって神は実在すると知るのである。そして哲学者であれば、神が自ら実在することを啓示したのだということを覚えておき、また信仰を通じてこの真理に同意する必要がある。

神が実在することを確実に知らしめる理性的な証明は存在する。だが神の言葉の不可謬性に基づく信仰の確実性は、(1)自然的理性のみによって得られるあらゆる認識の確実性よりも――それがいかに明証だとしても――、はるかに堅固である。啓示に関しては、誤謬は絶対に起こりえない。なぜなら信仰の認識の源泉は、〈真理〉たる神そのものだからだ。

ここから重大な帰結がいくつか導き出される。そのうちの一つは、神学者が自らの実在を肯定する神の言葉を著作の冒頭で引用するとき、彼は神学の固有の対象が実在することを信仰の名のもとに肯定することだ。この意味ですべての神学はこの第一の真理に依拠しており、この点こそ深く考えてみるのが重要である。

何人かの預言者は、ある面ではモーセより偉大だったかもしれない。しかし絶対的な意味で言えば、モーセはすべての預言者のうちで最も偉大なままである。「イスラエルには、ふたたびモーセのような預言者は現れなかった」（「申命記」第三十四章第十節）。聖書はすぐさまこうした見解に根拠を与えてくれる。「ヤハウェが直接的に顔と顔を合わせて交流をもった」モーセ、彼のような預言者はイスラエルにはもう現れなかったのだ、と。聖トマスは、モーセが他のすべての預言者に優っているということ以外に、自らの説の第一根拠を求めない（ST. 2-2, 174, 4）。預言者を特徴づけるものは四つある。認識を有していること、それを想像的に捉えるだけでなく知性的にも捉えていること、そうして啓示された真理の公布、その公布を奇蹟によって裏づけること、である。これら四つの特徴のうち、ここでは最初の二つがわれわれの関心を惹くものだろう。まず、モーセは神について知的直観の点で、他の預言者たちに優っている。というのも、のちの聖パウロが恍惚のなかで行ったのと同じように、「モーセは神の本質そのものを捉えた」からである。ただしモーセは、他のどの預言者も匹敵しないほど深く、神を感覚的にも捉えていた。なぜならモーセは神の言葉を聞いただけでなく、まさに神自身が話しかけてくるのに直面し、眠っているときも目を覚ましているときも、言わば意のままに神を享受していたからである。神の本質に直面したからこそ、モーセは神が実在することを捉えたのだ。したがって、直接モーセの眼前に啓示された神が実在するのだと信じる行為によってこそ、神学者は神が実在するか否かという問いにまず答えることになるのである。われわれにとって、神の本質の知性的な把捉に同意することは、何ものにも代えがたい。それをモーセは顔と顔を合わせて得たのであり、われわれ自身は信仰を介することによって不明瞭ではあれど確実にわかち合うことができるのである。

モーセの神の実在を信じることは、あらゆる神学的探究の始まりにおいて必要となる。これについて、聖トマスの精神はまったく疑わなかった。彼によれば、信仰はおもに二つのものからなっている。神についての真の認識と、受肉の神秘である。さて、神についての真の認識と呼ばれるものの内実に関しては、迷う余地がないだろう。聖トマスが言わんとしているのは、すべての信仰者が救済されるためにはっきりといつでも信じなければならないもののことである。すなわち「ヘブライ人への手紙」第十一章第六節で、使徒が述べている二つのことだ。「信仰がなければ、神に喜ばれることはできません。神に近づく者は、神が存在しておられること、また、神は自分を求める者たちに報いてくださる方であることを、信じていなければならないからです」。さらに聖トマスは付け加えている。「したがって各人（*quilibet*）は、はっきりといつでも、神が実在する（*Deum esse*）こと、神は人間に対して摂理を行使することを信じなければならない」（QDV. 14, 11）。したがって神をめぐるわれわれのあらゆる神学的知識の出発点は、神は実在するという神自身による啓示を信じる、という行為にあるのだ。「出エジプト記」の「われはある（*Ego sum*）」という言葉はまさにこの出発点にふさわしい。この言葉は、聖トマスの『神学大全』において、神の実在に関する理性的でまさしく哲学的な証明よりも先に現れるのである。

　われわれはここで、世間に流布する混同を犯さないように注意深く警戒しておこう。われわれが疑問に思うのは、神学者はいかにして神の実在を信じると同時に、神の実在を理性的に証明できるのか、ということである。この疑問は、一つの結論を同時に同じ観点のもとで信じ、なおかつ知る、というのは不可能だと聖トマス自身が公言しているだけにいっそう正しいと思われる。そうすると、神の実在を五つの道〔聖トマスが神の存在証明で用いた五つの方法〕で証明した後では、神が実在すると信じるのを止めなければならないのだろうか。あるいは反対に、もうすでに知っていることを信じつづけるのだと言い張らねばならないのだろうか。神の実在への信仰を取り除くことは、その実在自体が哲学的認識によって証明される対象を神学に持ち込むことである。だが証明が終わった後でも信仰を続けるとすれば、われわれは知っているものを信じることになってしまう。それは不可能なことだ。

この混同を避けるためには、まず信仰の対象たる実体とは何かということを思い起こさねばならない。つまり精神的に築きあげられたものの一切の根拠は何か。信仰は、われわれの同意を求めるような命題の定型表現さえあれば完結するものではない。信仰はそうした言葉の知性的な意味の先に、それらの言葉が意味する対象そのものへと直接的に向かうのである。このことだけを踏まえても、われわれがよく理解しないままその実在を信じている神について、〈神はある（Dieu est）〉という命題の真理に関するいかなる理性的証明を行ったとしても、実際に神が実在するということを信じなくてよいことにはならない。信仰による神の肯定は、哲学的理性による神の肯定とはまったく異なるものである。哲学者の結論は、哲学者自身の理性において真であるということによって、真理となる。信仰者による神の肯定は、神自身が自らの実在について有している認識、そして神が啓示という方法でわれわれに知らしめた認識に与《あずか》るということである。信仰とは、神を原因かつ対象とした、本来の意味での対神徳〔信仰、希望、愛〕なのである。

それゆえ信仰による認識と理性による認識は、同じ種にも同じ類にも属していない。神の実在をめぐってわれわれになされた啓示への同意としての、神は実在するという認識は、それが信仰者にとって神の最初の現実的な把捉であり、また至福を得るという究極目的へ向かう道の第一歩であるという点で、神の実在について哲学がもたらす認識とは完全に異なるものである。信仰者は信仰によって、モーセの顔と顔を合わせての対面と永遠の生における対面とのあいだで、漠然とはしているが確固たる飛躍を行うことになる。そしてこの飛躍は、形而上学ではなく、救済へと向かうのだ。だから神がわれわれに自らの実在を啓示するのは、無償の導きによって、曖昧な仕方ではあるけれども、すでにわれわれの究極目的に何らかの影響を及ぼしはじめているからにほかならない。「神に近づく者は、神が存在しておられることを、信じていなければならないからである」。一つの道であれ五つの道であれ、いかなる哲学も、神についてのいかなる自然的認識も、神が実在するという、この救済の問題に属するような認識をわれわれの手にもたらしてはくれない。哲学は救済の理論ではない。神学的知、あるいは信仰のこうした絶対的な超越性は、見失われてはならないのだ。「信仰の主要な対象は、第一の真理であって、それの直視がわれわれを至福たらしめ、信仰が次に続くようにしている」（ST. 2-2, 5, 1）。

　このようなわけで、神の実在への信仰と、それについて哲学的証明がもたらす確実な認識との関係は、本当のところ何一つ解決不可能な問題を引き起こすことなどないのである。

　ある人たちは、自然的理性は諸々の原理を用いるときでさえ誤謬の可能性がある、と言われることを危惧する。しかしこれは単に自然的理性が誤りを犯すという事実にすぎない。たしかに神の実在は理性的に証明しうるのだが、神の実在について提示された証明が完全に決定的だというわけではない。たとえば聖アンセルムス〔一〇三三〜一一〇九年。神学の基礎をつくった中世初期の神学者〕のような哲学者が、純粋に理性的な結論によって、神が実在することは確実だと考えている状況を想定してみよう。彼は以下のように結論づけるだろう。〈神〉という語の意味は、その実在を、思考のなかだけでなく現実のなかにも認めるのでなければ理解できない、と。われわれが少なくとも言えることは、この証明は確実に異論の余地がないものではない、ということだ。もしもこの証明が決定的なものではないとしたら、神学者や聖人を兼ねたこの哲学者の立場はどうなるのだろうか。この哲学者は、理性的証明のおかげで自分は確実に神の実在を知っていて、神の実在をわざわざ信じる必要はないと考える。ところがその理性的証明の価値は、実のところよくわかっていないのである。彼はもはや神の実在を信じることはないだろう。その代わりそれを自分は知っていると信じるのだろう。すると結局のところ、彼は信じてもいないし知ってもいないのだから、神の実在についてはまったくの無知に陥ることになろう。そうなれば神の実在に関する真理は、もはや聖トマスが記述したような混乱した仕方（ST. 1, 1, 1, 1^{m}）、あるいは認識と混同された信仰、つまり「部分的には慣習に基づいて（*partim ex consuetudine*）」（CG. I, 11, 1）によってしか認められない。ここで問われている確実性は、このような類《たぐい》の判断には属さない。信じるという行為の確実性が、ただ一つ無謬で、最高に誠実でありつづけるというのはこのような理由からなのである。信仰は常に目の前にあり、決して誤謬を犯さないのだ。

　したがって議論のなかで絶えず混同されてしまう二つの問題を区別する努力をしなければならない。一つ目の問題は、神が実在するということは、確実性を伴って知られることができ、また実際に知られるような、自然的理性によって証明可能な真理なのかどうかである。この一つ目の問題に対する答えは、疑いの余地がない。証明は可能である。二つ目の問題は、神が実在することを理性的に証明しようとするとき、各人は自分の自然的理性を無謬だと考えることができるかどうかである。聖アウグスティヌス、聖アンセルムス、デカルト、マルブランシュ〔一六三八〜一七一五年。心身二元論の解決を試みたフランスの哲学者〕、その他多くの哲学者による証明に対して向けられた容赦のない批判をここで思い起こしてみると、われわれはこの点について謙虚な態度へと立ち戻る。われわれは、彼らのような人たちより鋭い洞察力を持った哲学者なのだろうか。これこそが問題なのである。謙虚な態度は、懐疑論とは異なる。われわれの知性には、神の実在をめぐる証明を正確さや確実性の限界まで推し進めることを、臆せずに認めてやるべきではないのか。しかし神の言葉についてのわれわれの信仰には触れさせないようにしよう。この言葉は、最も聡明な人たちに対しても最も素朴な人たちに対しても、同じように等しく神が実在するという真理を啓示するのだから[2]。

また別の人たちは、先のような態度を受け入れたにもかかわらず、すでに示したような矛盾にまたしても陥ってしまうのではないかと憂慮する。つまり同じ一つの命題を知っておりながら信じてもいるのではないか、と。だがそれは間違っている。信仰という超自然的な行為を通じて、神は、〈不動の第一動者〉であるとか、〈第一の起成因〉や〈第一の必然者〉であるなどと信じることはできない。哲学者が証明するそういったものはすべて、自然的理性に属するのであって、信仰に属するのではないのだ。これらの結論は、アリストテレスやアヴィセンナ〔九八〇～一〇三七年。イスラームを代表する哲学者。アリストテレスと新プラトン主義を結びつけたとされる〕のような人たちによって発見されたのであって、神によって啓示されたわけではない。たしかに、もし啓示の神が実在するとしたら、その神が第一動者や、第一の起成因や、第一の必然者、そして理性が宇宙の第一原因について証明できるすべてのものである。しかしヤハウェが〈第一動者〉だとしても、〈第一動者〉がヤハウェだというわけではない。〈第一起成因〉が預言者を通じてわたしに語りかけることはないし、わたしも自らの救済を第一起成因がもたらしてくれるとは思っていない。信仰者がその実在を信じるような神は、哲学者がその実在を証明しようとする神をはるかに超越しているのだ。とりわけ、哲学がいかなる観念も持てないのはまさに神についてなのである。なぜなら自然神学の結論は、宇宙の第一原因が実在することとしか理解させることができないからだ。自然神学

〔自然学のように神を理性的に考察する神学〕のあらゆる結論は、知の頂点であることを自任している。ところがこれに対し、ヤハウェのほうは、人間に自らの本質を捉えさせるため、そして固有の至福へと導くために、自分が実在するということを啓示している。理性の神は、知（science）の神である。信仰の神は、救済の神である。すべての哲学的証明は、この神的な啓示のもとで、自由に展開することができる。ただしこうした証明のうちどれ一つとして、神的な啓示の対象そのものに到達することはおろか、それを思い描くことすらできないのである。

　このように、人間は自分を至福へと導いてくれる認識の一切を信じるものである。こうした認識は、人間を至福へと導くかぎり、信仰の対象となる。すべての知識の対象（*scibilia*）は、認識の対象であるという共通点を持つ。しかしそのすべてが同じように人間を至福へと導くわけではないため、すべてが同じように信仰の対象（*credenda*）であるとは言えない（ST. 2-2, 2, 4, 3^{m}）。アリストテレスの証明によって神が実在することを知ったとしても、救済の道には入ってすらいない。神がなした啓示に基づいて、神は存在すると信じることこそ、究極目的に向かって歩みはじめるということである。この目的のために神学者が、あらゆる知――そこにはアリストテレス、アヴィセンナ、アヴェロエス〔一一二六～九八年。アリストテレスの註釈者として知られる哲学者〕、そして彼らの証明のためのすべての道具が含まれる――を用いることを禁じるものは何もない。哲学は救済されることができるし救済されねばならない。しかし哲学者と同様、哲学は自らの力で自分を救うことはできない。哲学は、哲学であるかぎり、自らが救済されるという単純な可能性を思い描くことすらできないのである。

　われわれが啓示の絶対的超越性に気づくのは、こうした奇妙な事実によってである。それは聖書のテクストが持つ、哲学的でありながら神学的でもあるような多様な価値である。聖トマスは、神の実在をめぐる問いに対して反論（*Sed contra*）を探したのだが、どうやらヤハウェが端的に〈われは実在する（J'existe）〉と述べているテクストは見つけられなかったようだ。そこで彼は、「出エジプト記」の「われはありてある者である（*Ego sum, qui sum*）」という言葉に訴えたのである。だが、この言葉はモーセが神に立てた問い、すなわち、人々がわたしに、誰がわたしを彼らに差し向けたのか、と問うたとき、わたしは何と答えればよいのでしょうか、という問いに対する返答なのである。それゆえ当該の箇所はまた、〈神にふさわしい名前とは何か〉という別の問いをも含んでいるのだ。この問いはもっと後で『神学大全』第一部第十三問第十一項においても立てられることになるし、その「反論（*Sed contra*）」は、「イスラエルの子たちにこう言うがよい。〈われはある（Je suis）〉という方がわたしをあなた方に遣わされたのだと」という「出エジプト記」の別の部分（第三章第一四節）を端的に引用している。『神学大全』そのもののテクストにおいても、「モーセに対する主の答えはこうであった。『こう言うがよい。〈ありてある者（*Qui est*）〉がわたしをあなた方のために遣わされたと。すなわち、〈ありてある者〉という名称が神に最も固有な名称なのである』」と言われている。神の実在を保証するこの「反論」は、同じくそれを証明しようとする五つの道のいずれもがほんのわずかな観念さえももたらせないような、ある一つの意味によって満たされている。「反論」の神は、自らの名前を啓示することで、同時に自らの実在をも啓示するような何ものか、あるいはペルソナなのだ。哲学がこうした問題について考えることはない。哲学は、ここで聖書の真理を証明するために援用されるのではない。神学者がこのような有用な道具たる哲学を用いるのはただ、哲学がその実在を疑わず、それゆえ哲学自体は決して到達することのできないような次元への道に、人間を導くためにすぎない[3]。

書かれた言葉は、事のついでのように記された一語であっても、それが神から発せられた言葉であるならば、神学者の思考が読み取りうることにさらに意味深い光を与えてくれる。『神学大全』の、時代が進むにつれて預言の水準も変わっていくのかを論じる項において、聖トマスは肯定的に答え、以下のような論拠を示している。「モーセに先立つ祖先たちは、全能の唯一神に対する信仰について深い学識を有していた。ただしその後でやってきたモーセは〈われはありてある者である〉という名前が彼に告げられたとき、神の本質の単純性（simplicité）についていっそう深い知識を持ったのである。この「われはありてある者である」は、名状しがたい神の名前への敬意から、ユダヤ人たちが〈アドナイ（Adonai）〉という尊称によって意味していたものである」（ST. 2-2, 174, 6）。このように、神が実在することを保証し、なおかつ神に最も際立ってふさわしい名前とは〈ありてある者（Qui Est）〉であると教えてくれる一つの同じ言葉が、人間に対して、神の本質の完全なる単純性を啓示してくれるのである。実際、神は〈われはこれ（ceci）である〉だとか〈われはあれ（cela）である〉ということは言わない。神はただ〈われはある（Je suis）〉と言うだけである。われは何であると言うのか。われは〈われはある〉なのだ。ここにきて、「出エジプト記」の言葉は、かつてないほど高く、哲学の重圧によるくびきが感じられない自由な空間にまで飛翔するように思われる。理性が成し遂げるものはすぐれており、健全で大切なものである。なぜならば理性は、哲学とは万人によって神と名づけられる第一の存在の実在を、確実性をもって定立しうるものだ、と意のままに証明するからだ。しかし聖書のほうは、たった一つの言葉で、われわれを真っ先に神との個人的な関係に置き、われわれにその名前を語り、そうやって名前を語ったという事実だけを通じて、神の本質の単純性をわれわれに教えてくれるのである。

神は「われはありてある者である」と述べることによって、自らの名前と同時に本質を啓示した、というこの最後の指摘の意味を深く掘り下げることで、神学のような知の絶対的超越性はさらにはっきりしてくるだろう。そして神学の婢《はしため》たる自然的理性が、どのような意味で一時たりとも信仰を排除できないのかということも明白になってくるだろう。

原註

（1）「まして人間は、可謬的である固有の理性によって見て取ったことについてよりも、不可謬である神から聴いたことについて、より大きな確実性に達するのである」（ST. 2-2, 4, 8, 2^m^）。「直知および学知の完全性は、より大きな明白さに関しては信仰の認識を超え出ている。しかし、より確実な固着に関してはそうではない。なぜなら「聖霊の」賜物であるかぎりの直知と学知についていうと、それらの確実性の全体が信仰の確実性に由来するのであって、それは諸々の結論の認識の確実性が諸原理の確実性に由来するのと同様である。他方、学知、知恵および直知が知的徳であるかぎりにおいては、それらの確実性は理性の自然本性的光に依存するのであって、それは信仰が依存しているところの神の言葉の確実性よりも劣ったものなのである」（ST. 2-2, 4, 8, 3^m^）。それゆえ認識それ自体の諸原理に照らすことによって、神の言葉への信仰がもたらすのと同じレベルの確実性を獲得することは不可能であると思われる。なぜならこの言葉は、神自身が有する確実性を示しているからだ。さて、このような信仰の確実性は不可謬であり、有限な自然的理性の光はそうでない。したがって、いかなる場合においても、信仰を理性で置き換えるならば、より高い程度で絶対的に確実なものを、より低い程度で絶対的に確実なものに置き換えるということになってしまうのである。

（2）　ここでは以下のような非常に複雑で曖昧なテクストについて深く考えたほうがよいだろう。「自然的理性によって証明されうる事柄を信じることは必要か」（ST. 2-2, 2, 4）。この問いに対する答えは、「然り」である。「答えて言われるべきなのは次のことである。人間にとっては、理性を超える事柄だけでなく、理性によって認識されうる事柄をも信仰という仕方で受け入れることが必要である」（*ibid*）。

（3）　ST. 2-2, 2, 2, 3 と、ad 3^{m} のテクストを熟考すること。

第二章　存在の原因

La cause de l'être

すべてのものは、神から出て、神によって保たれ、神に向かっている（「ローマの信徒への手紙」第十一章第三十六節）。

多くのトマス主義者は、聖トマス自身がアリストテレス主義の哲学者だった、あるいはこう言ったほうがよければ、聖トマスは哲学者であるかぎりはアリストテレス主義者だった、という考えを聞くととても安心する。彼らに反論するのはおそらく間違っているだろう。というのも、この主張を覆すことは、それを証明することと同じくらい難しいからである。〈アリストテレス主義〉という概念はあまりにも漠然としていて、このようなテーマをめぐって賛同派と反対派がお互いに討論しあうことはできない。〈デカルト主義〉、〈カント主義〉、〈ヘーゲル主義〉といった概念も同じような指摘にあうことだろう。

したがって、聖トマスに関して、アリストテレス主義への依拠が確実とみなされているのに、実はそうではなくて誰かほかの哲学者に依拠していたのではないか、などと考える余地はないはずである。どうしてひとは、聖トマスはアリストテレス主義者ではなかったと答えることに対して、ためらいを感じるのだろうか。たとえ聖トマスがアリストテレス主義者だったと答えることには賛同しない人たちでさえ、はっきりと反対を示すことについて、ためらうのはどうしてなのだろうか。それは明らかに、聖トマスの書いたものがアリストテレスの思想、哲学的技法、方法論、自然哲学、道徳、そして形而上学によって培われているからである。それゆえひとは、もしも聖トマスが古代哲学と同じくあらゆる宗教的啓示から独立した哲学を持ちたいと望んでいたのであれば、アリストテレスの哲学を選んだであろうと考えるのである。こうしたことには異議を唱える必要もない。ただし、留保したいのは次の点だ。仮に聖トマスがそのようにしてアリストテレスの哲学を選んだのだとしたら、もう一人のアリストテレス主義者がいたということにしかならず、トマス主義哲学などはないということになってしまう。

　幸運なことに、聖トマスが行ったのはまったく別のことだった。彼の人生、彼の研究、そして彼の著作についてわれわれが知っていることのうち、聖トマスが自分のことを哲学者だと考えていたとか、独自の哲学を持ちたいという願望を抱いていたなどと思わせるものは何一つない。神学者にとってそのようなことは、登りつめた栄光の絶頂から降りて、堕落したいと自ら望むようなことだ。哲学的研究がのちの神学者たちの要請によって独自に発達し、それが宗教的研究を分断して、スコラ哲学とスコラ神学の二つへとわかれてしまったのは、十六世紀以降のことでしかないのである。このとき、スコラ神学に含まれていた、あるいは明らかにスコラ神学のための道具として作り上げられた哲学は、一斉に独立した理論によって構成されるようになってしまった。これは十三世紀のアヴェロエス主義〔アヴェロエスの註釈を重視したアリストテレス主義の哲学〕者やその後継者たちがすでに行っていたことではあるが、彼らの意図は二つの理論を区別することであって、単に断絶させるということではなかった。十六世紀の、そして現代に至るまでのスコラ学者たちは、ある種の夢を見たのだ。神学への導入部として、一定の統制を外から受けること以外には、神学に何一つ負うことのない哲学、それでも完全に神学との調和を示すような哲学を構築するという夢を。現代のスコラ学者たちは、いわば定義からしてすべてトマス主義者であるため（例外はたくさんあるけれども）、そのように神学から独立した哲学とは聖トマス・アクィナスの哲学のことであると自然に考えてしまう。これは、聖トマスが一つの哲学を有していたと想定しているからだ。かくしてひとはアリストテレスの哲学を、修正したうえで聖トマスに帰する。ただし、アリストテレス自身が自らの哲学をキリスト教神学と一致させようとすればできたのだと思い込んでいるかのようだ。

こうした態度をとることが適切なのかどうかについて、別の考え方もありうる。すなわち、とうてい受け入れがたいのではあるが、このように神学と哲学を分離する十六世紀以降のやり方を過去に持ち込んで、その手法はすでに聖トマス・アクィナスのやり方だったのだと主張することである。もっとも、聖トマスに帰せられる哲学が、神学的な著作、とりわけ二つの大全『神学大全』と『対異教徒論駁大全』と任意討論集のなかで聖トマス本人がはっきりと公言している哲学的主張と一致してさえいれば、聖トマスに厳密な意味での哲学を帰するか否かは重要な問題ではない。聖トマスの神学的思索に対するアリストテレス哲学の影響が、ほかの哲学者たちの哲学をはるかに凌いでいることには異論の余地はない。神学のために哲学を動員しなければならないとき、聖トマスが利用するのはおもにアリストテレスの哲学であったという意味で、アリストテレスの影響は卓越している。しかし、聖トマスがアリストテレスに言わせていることは、常に神学者の目的に仕えるために言わねばならないことなのだ。そしてそうした目的に仕えることになるのはアリストテレス一人ではない。たとえ最良だと聖トマス自身が判断した理論であるとしても、ほかの誰かの哲学的理論と聖トマスの神学的思索が結びついていると考えてしまえば、彼の神学的思索を歪めることになる。聖トマスは、ユダヤ＝キリスト教的啓示の助けを借りることなく、人間の理性が独力で、神について知りうることについて考察したとき、アリストテレスだけの視点から問いを立てたのではなかった。彼は、ギリシア哲学の歴史全体を考慮に入れながら問いを立てていたのである。なぜならば、聖トマスにとってギリシア哲学こそが哲学の歴史のすべてだったのであり、それに続く時代はもはやほとんど註釈者と聖人の時代でしかなかったからだ。

聖トマスはギリシア哲学史の全体像を何度も描いた。この哲学史は、聖トマスが認識し、解釈したままに、一般的な法則に支配されていた。神は、感性的経験において与えられる諸存在者（les êtres）の原因としてしか見いだされない。そして理性が神について作り出す観念は、結果の本性を理性自体が深く認識するに応じて現れてくる。言い換えれば、われわれは、自分が探し求める以上の神を見いだすことはできない。理性が自らの力だけで知ることのできる範囲のなかで最も高次元の神を見いだすためには、自然的理性が、自ら認識するような感覚的な諸存在者のうちの、最も完全なものの原因について考察しなければならないのである。

この神学者の探究心の強い眼差しのもとで、ギリシア哲学史は、特筆すべきいくつかの段階が並んだ、不連続ではあるけれども後退することのない進歩の歴史として現れる。われわれが神を深く認識するにつれて、諸存在者の本性は徐々に深化していくのだが、その深まり方は、人間による認識の決まった順序に従っている。「事物の本性を探究する際に古代の人たちは人間の認識の順序に即して歩みを進めた（*secundum ordinem cognitionis humanae processerunt antiqui in consideratione naturae rerum*）」（QDP., 3, 6）。さてわれわれの認識は感覚的なものから始まる。そしてそこから出発し、段階的に推し進められた一連の抽象化によって、徐々に知性的なものへと上昇していくのである。

第一の段階は、物体の性質の感覚的な知覚（perception sensible des qualités des corps）に対応している。最古の哲学者たちは、初めから現実と、彼らが感覚によって知覚できたものとを混同したために、当然のごとく唯物論者であった。それゆえ今日の唯物論者たち（〈わたしは自分が目にしたもの、自分が触れたものしか信じない〉といったような人たち）は、人間精神の哲学的歴史の第一段階を脱していない哲学者でしかない。彼らにとって実体とは質料である。彼らは質料について、実体的形相を伴ってすらいないと考えている。というのも、実体的形相は感覚にとって知覚可能ではないからである。反対に、質料の性質は、質料の偶有的形相であって、五感による把握のもとに入ってくる。

したがって最古の哲学者たちによれば、現実を構成するものは、次の二つである。すなわち実体たる質料と、そのような質料的実体の構成原理あるいは基本要素によって引き起こされた偶有性だ。彼らにとって、感覚的世界の現れを説明するためには、それ以上のものは必要ない。聖トマス自身が述べているように、次の点を十分に理解しておこう。もしもわれわれが質料を実体として定立し、その基本要素が質料の感覚的性質のすべてを十分に説明するのであれば、すべての偶有性は、これらの諸性質が発現したものにほかならない、という点である。そうなると、偶有性は生み出される必要がなくなる。それらは質料的実体にとって偶然に備わった形相であり、質料的実体がそこに存在しているという単純な事実ゆえに、そこに存在しているということになる。そこから、こうした類《たぐい》の哲学を支持する人たちにとって、質料とはすべての現れの究極原因である、という注目に値する結論が導き出されることになる。質料の原因を定立する余地はない。より正確に言えば、こうした哲学者たちは、質料は原因を持っていないと言わなければならないのである。この場合、聖トマスによれば、起成因（cause efficiente）というものを完全に否定するという事態が起きてしまう。「そこで質料には原因がないと措定し、起成因を全面的に否定せざるをえなくなった」。

この最後の指摘の影響は遠くにまで及ぶ。質料は原因を持たない、と述べることは、〈起成因を完全に否定する〉ことになってしまう。聖トマスにはよく起こることだが、どうやら聖トマスはここでわれわれに爆発物を手渡し、その使用に気をつけて点検するよう促しているようだ。なぜか、ということはすぐさまわかる。このまま思索を深めようとすれば、たちまち一連の厄介な結果に巻き込まれて、深刻な事態を引き起こしてしまうことに気づくからだ。『能力論』第三問第五項のテクスト――われわれの思索はこのテクストのうえでしばらく立ち止まることになるのだが――のできるだけ近くに留まるようにすれば、聖トマスが批判している立場の中身は単純なものだということがわかる。つまり実体とはすべての偶有性の原因たる質料にほかならない、それ以外の原因はない、という立場を批判しているのである。これ以上明瞭なことはない。しかしこの立場が、どうして〈起成因を完全に否定する〉ということに帰着してしまうというのだろうか。

省略的に表現された、与えられていない推理については再構成せざるをえないが、それは、まさに解釈者だけが責任を担いうる難しい作業なのである。しかしそれを理解したいと思うのなら、この責任を背負わなくてはならない。したがってわれわれは次のように言おう。偶有性が有している現実的〔現実態にある〕存在（être actuel）は、実体が有している現実的存在以外にはない、と。だから、実体から偶有性が生み出されたからといって、存在（être）が生み出されたということにはならない（言い換えれば実体の存在は、自らの力で生み出される）。他方、唯物論において、質料的実体は、それ自体が原初のものなので、起成因を持たない。こうして実体も偶有性も、起成因を持たないということになり、そこから起成因はまったく存在しないという結論が導き出される。もしも論証の内容がまさにこのようなものだとすれば、宇宙のなかで、起成因を見いだすことは不可能だと結論づけられることになる。その宇宙では、唯一の実体とは、創造されることのない質料（une matière incréée）だとされているからだ。しかし、だからといって、創造されることのない宇宙において起成因は存在しない、ということにはならない。実体というものが質料に還元されてしまわないかぎり、起成因が存在する可能性はある。いや、実体というものが質料に還元されてしまったとしても、このような宇宙には、原因による認識、つまり質料そのものを常に逃れるような何ものかが残る。なぜなら実体とされた質料は、それ自体が残りのすべてを説明するにもかかわらず、その質料が現実に存在するということについては何も説明できないからである。存在するものの次元における、起成因の卓越性は、ここで完全に際立ってくるのである。

第二の段階はもっと後に登場する哲学者たちによって乗り越えられた。彼らは、ある程度、実体的形相を考慮に入れはじめる。実体的形相は不可視なので、ひとはここで感覚的認識から知性的認識へと上昇したのだ。これは決定的な進歩だった。なぜなら、感覚的次元から知性的次元へと移行することで、人々は普遍的なものに達したからである。とはいえこの第二の哲学者たちは、普遍的形相や普遍的原因が存在するか否かを問うことはなかった。その関心はもっぱら特定の種の形相に向けられていた。このとき問われていたのは、真の作用因（*aliquas causas agentes*）だったが、これが事物に対して、〈存在（l'être）〉をもたらすことはないだろう。ここでの〈存在（être）〉とは、この語があらゆる存在するものに普遍的に当てはまるという意味〔在る、ある〕での〈存在〉である。ここで問題となっていた実体的形相は、ときにはある形相を、ときには別の形相を質料に与えるのだが、そうやって質料の配置を入れ替えさせることしかしない。こうしてアナクサゴラス〔古代ギリシアの哲学者。世界を創造する原動力としてヌース（知性）を考えた〕は知性を援用して、いくつかの実体的形相の多様性を説明した。あるいはエンペドクレス〔古代ギリシアの哲学者。四元素説を唱えた〕は、それらを愛と憎によって説明したのである。それでもなお、こうした理論のなかには説明されていない何ものかが残っていた。なぜなら、この類《たぐい》の作用因は、質料が特定の形相から別の形相へと移行することについては十分に説明するのだが、「こうした哲学者たちでさえ、諸存在者すべて（tous les êtres）が起成因から生み出されることはないと考えた。質料は、作用因の活動よりも先に、あらかじめ想定されている」からである。起成因の卓越性は、だんだんと際立ってくる。まるでこの問題は、神によって創造されない何ものかはありうるのかが論じられている項のなかに置かれたほうがふさわしいかのようだ。たしかにそこで感じられることは、聖トマスにとって、起成因の原型または完璧なモデルとは、創造作用（acte créateur）だったということである。聖トマスの言葉づかいが厳密だったと考える必要はないし、彼自身その厳密さに常に囚われていたとはとても言えないのだが、次のようなことに留意しておくのは身勝手なことではあるまい。すなわち、聖トマスは、所与の質料においてこれこれの存在であることを生み出す形相因には、作用因（*causa agens*）という名前を割り当てるようにしたこと、そして、質料そのものを生み出す形相因には、起成因（*causa efficiens*）という名前を割り当てるようにしたということである。「したがって彼らの見解においても、あらゆる存在者が起成因から生じるというのではなく、質料が作用因の作用に先行するものとされたのである（*et ideo etiam secundum ipsos non omnia entia a causa efficiente procedebant, sed materia actioni causæ agentis præsupponebatur*）」（QDP., 3, 5）。

最後の段階は、別の哲学者集団、すなわちプラトン、アリストテレスおよび彼らの学派の哲学者たちによって乗り越えられた。彼らは普遍性の問題において存在を考慮に入れ、それによって残りのすべてが自らの存在を保持しているような、事物の何らかの普遍的原因を定立した唯一の哲学者たちだった。われわれはまさしくすべての問題において聖トマスに従うよう努力しているわけだが、彼はこの点について、聖アウグスティヌスの『神の国』第八巻第四章を参照している。重要なことは、聖トマスがプラトンやアリストテレスなどの哲学者たちを、一つの同じ集団に含めているということである。後者〔アリストテレス〕はしばしば前者〔プラトン〕と矛盾しているにもかかわらず、である。このことは、もっと後に彼らの学派を形成した人たち（*Plato, Aristoteles et eorum sequaces*）にまで当てはまる。というのも、アリストテレスの信奉者たちのうちにはアヴィセンナやアヴェロエスがおり、聖トマスは彼らのことを考えないわけにはいかないからだ。彼らについてもたくさんの不一致が見られるが、そういった細かなことを気にする必要はない。問題は、神によって創造されることのない何ものかがありうるのかどうかだ。さて、事物の何らかの普遍的原因を定立した（aliquam universalem causam rerum）哲学者たちは、みな同じように、以下のような神学的結論を支持する側に回ったのである。否、存在するもののうち、神によって創造されないようなものは何一つない、と。これは、カトリックの信仰そのものが教える事柄である。ただしそれは三つの論拠によって証明することができる。これら三つの論拠は、神学的知の超越性の顕著な例である。アリストテレスやまたプラトンの哲学に対する、聖トマスの大いに自由ではあるがとても複雑な態度をきちんと理解したいと思う人間にとっては、きわめて重要な教訓となるだろう。

普遍的存在の原因（cause de l'être universel）を定立する哲学的論拠のうち、聖トマスがここで取り上げる第一のものは、次のような法則から導き出される。すなわち、ある同じ一つのものが、複数の存在に共通に見いだされるとき、その同じものは、唯一の原因によって複数の存在に現前しているのでなければならない、という法則である。一つの同じものが異なる複数の存在に現前していることは、それら複数の存在の差異や、相異なる複数の原因によっても説明されえない。さて、存在（*esse*）はおしなべてすべてのものに属している。なぜならあらゆるものは、そうであるところのもの（ce qu'elles sont）という点ではお互いに異なっているのだが、それらが存在する（elles sont）という点においてはお互いに似ているからである。それゆえ必然的に、それらのものは自力で自らの存在（leur être）を保持しているのではなく、何らかの唯一の原因によって自らの存在を保持しているのでなければならないということになる。以下の引用は、聖トマスが独自の思想について与えた詳しい説明として、きわめて貴重なものである。「この根拠はプラトンのものであると思われる。彼はあらゆる複数性に先立つ一性（unité）が、数においてのみならず、事物の本性（nature des choses）においてまでも存在するはずだと考えた」（QDP., 3, 6）。

　第二の論拠は、存在と完全性の度合いということから理解される。先ほどの第一の論拠は多の原因として一を定立することで満足していたが、この第二の論拠は、それぞれの類において絶対的なもの、あるいは最高の度合いのものを、同じ類の内部で度合いがより高かったりより低かったりしながら異なっているものすべての原因として、定立するのである。類の分有の度合いという考え方が、ここでこの類のなかに、等しからざる分有（participation inégale）の唯一の原因としての、最高の項を定立することを要請するのである。これは『神学大全』第一部第二問第三項の第四の道（*quarta via*）だとすぐにわかるだろう。しかしここには注目すべき修正が施されている。『神学大全』における第四の道は、神が実在するという結論へ直接的に向かう。というのも度合いが高かろうが低かろうが存在しているものがあるかぎり、ほかの存在するものにとって、その存在やその完全性の原因であるような、至高の存在がなければならないからだ。ここでわれわれが従っている『能力論』第三問第六項の項においては、最後の展開が異なっている。「しかし唯一の存在を定立しなければならない。それは最も完全で、最も真実の存在なのだ。これによって証明されることは、哲学者たちが証明したように、何らかの最も完全でまったくもって不動の動者がある、ということである。この動者よりも完全性が劣っているものはすべて、自らの存在をまさにこの動者によって保持しているのだ」。ここでは第一の道（*prima via*）が、『神学大全』の第四の道を補強し、結論に導いているのである。

　神学のために聖トマスが哲学者たちに求めている貢献度には、限度があるということを注意深く見ておこう。聖トマスの目的にとっては、プラトンやアリストテレスが、それぞれ普遍的存在の考察という次元にまで上昇したということ、そして彼らが普遍的存在に唯一の原因という性質を割り当てたということで十分だった。より正確に言うと、聖トマスにとってみれば、こうした哲学者たちが唯一の原因に対して、〈存在するかぎりの存在（l’être en tant qu’être）〉の超越的な特性のうちの何か一つ――それはプラトンにおいては一性だったし、アリストテレスにおいては善と完全性であった――を割り当てることができたということだけで十分だったのだ。これらの特性は、存在に対して普遍的に帰せられるべきだし、そうした特性には必然的に唯一の原因があるはずだと哲学者たちが結論づけたことに、聖トマスは敬意を表している。しかし、聖トマスはこれらの哲学者のどちらにも創造の形而上学を認めない。プラトンもアリストテレスも存在（l’être）について、ありとあらゆることを説明してみせる。しかしそういったものが現実に存在していることそれ自体については説明しない。

　第三の論拠は、存在するものが現実に存在しているという問題そのものに関わるので、かつて哲学者たちが近づいたのと同じような距離にまで、われわれを導いてくれる。それは、他によって存在するものは、あたかも原因に還元されるかのように、それ自体で存在するものに還元される、ということである。さて、経験のうちに与えられた諸存在者は、純粋かつ端的に存在（l’être）に属しているわけではない。それら諸存在者のうち、端的に〈それは存在する（il est）〉と言えるものは何もない。われわれは常に、〈それはこれである、それはあれである（il est ceci ou cela）〉と言うのである。われわれはこの重要な事実に立ち返らなければならない。いまのところ、この点については、端的な存在（つまり単純で唯一の存在）がそのまま経験のうちに与えられるようなことはない、ということを憶えておけば十分である。

存在のある一つの仕方でしかないもの、もしくは存在のある一つの種でしかないものは、明らかに存在のある一つの分有の仕方でしかない。そしてその分有の限度は、その種の定義によって決定されている。分有を介した存在があるならば、まず初めにそれ自体で存在する存在がなければならない。〈自らが存在そのものであるところの存在者を措定することである〉、つまり存在の純粋なはたらき（acte pur d'être）であるような第一存在（premier être）がなければならない。したがって聖トマスの結論によれば、「ほかのすべてのものが存在するのは、この唯一存在（être unique）によってである」と考えなければならない。「それ以外のすべてのものは、自らの存在であるとは言えず、分有を介して存在を所有しているのである」。そして彼は次のように付け加えている。「この論拠はアヴィセンナのものである」。

聖トマスが神学者の仕事をどのように理解していたのかということについて、もっとはっきりとわかるような項はほとんどない。彼自身は、神によって創造されないような存在など何一つないと証明することの必要性を感じていなかった。聖トマスにとって、このことを確信するためには、信仰で十分だったのだ。彼の項の「反論（*Sed contra*）」は、「すべてのものは神から、神によって、神において存在する」ということを思い出させてくれる。聖トマスはこの言葉を、「ローマの信徒への手紙」第二章第三十六節から借用したのだった。彼が理解していたような神学は、信仰の確信のために、理性的な確実性という付随物を求めるのである。理性的な確実性を求めることの目的は、知性が信仰の確信を受け取る準備をさせること、もしくはすでに受け取っている場合には、知性に信仰の確信についての何らかの知解をもたらすことである。信仰が同意を与えるような対象に、哲学者が確実に到達したと主張することが重要だというわけでは決してない。しかし理性の結論と信仰の確信は、一致し、調和する。歴史のなかで問題が展開するにつれて、そうした問題を定立したり解決したりする哲学的な仕方が進歩していき、理性が少しずつ信仰の真理に近づいていくのがわかるようになるのだ。そして理性は、信仰の真理に到達するとまではいかずとも、最終的にはそれを感じ取ることになるのである。

ここで同時に、聖トマスの思想をただ一つの哲学に結びつけることがいかに難しいかということがわかる。プラトン、アリストテレス、アヴィセンナは三つの異なる哲学者である。彼らの哲学が似ているなどということは否定するまでもない。彼らの哲学は明らかに異なっている。あたかも〈一者〉についての形而上学が同時に〈実体〉の形而上学や〈必然者〉の形而上学でもありうるかのように、三つの哲学を同時に主張することはできない。三つの原理が等しく第一のものであるというようなことはありえないのだ。それなのにわれわれは、聖トマスがこれら三つの形而上学を証拠として引用し、いかにして「すべては神によって創造されたということが、理性によって証明され、信仰によって保持される」のかということを明らかにするさまを、目のあたりにしたところなのである。聖トマスのこのような哲学の仕方をどのように理解すればいいのだろうか。

聖トマスのこうした手法を哲学的にみて一貫していないと批判する人たちに対し、ある人たちは、トマス主義とは折衷主義なのだ、と答える。しかしそれでは彼らの論敵が非難している当の一貫性のなさを自ら告白しているようなものだ。すべての存在するものと同じように、哲学は存在するために一つのまとまりでなければならない。ある哲学が、さまざまな哲学から借りてきた断片を程度の差はあれ上手に縫合することによって構成されているとしたら、それは一つの哲学であるとはいえない。これらの断片のそれぞれは、抜き出してきた元の哲学全体によって自らの意味を保っており、それゆえその意味が異なるような哲学から持ってきたほかの断片とは、一つになることなどできないはずなのだ。その理論に一体性があるからといって、それが必ずしも柔軟性に欠けているというわけではない。理論は、財産を見つけた場所でその財産を得るということもありうる。ただし少なくともそれは本当に自分の財産でなければならない。したがって知性の糸、すなわちあらゆる方角に張られ、内部からそのすべての部分を結びつけている黄金の糸があることによって、ひとはある哲学の一体性を認め、その結果その実在を認めるのである。その名にふさわしい哲学者というのは吟遊詩人ではないし、裁縫師でも接骨医でもない。

　こうした批判に対して次のように答えることができる。聖トマスの教説は哲学的な折衷主義なのではなく、神学的な折衷主義なのだと。この言い回しは、矛盾しているのでなければよりいっそう満足できるものになるだろう。基本要素が神学的な選択から生じているような教説は、必然的に神学である。神学が姿を現し、活発にはたらきかけているところであればどこであれ、神学が支配している。このような選択を行った神学者が仮に断片をあるがままに縫い合わせ、そこから哲学を作ることだけで満足したのなら、その哲学は一体性を欠き、折衷主義に傾いてしまうことになるだろう。そのときは深刻な事態となり、断片の選択を統べる原理は、もはや哲学的でも本来の意味で理性的でもないということになってしまうだろう。

　神学者の態度は単なる哲学的な折衷主義とは大いに異なっている。神学者が信仰の光に照らして諸々の哲学をふたたび縫合するのは、一つの一体性を持った哲学を構成するためなのではなく、諸々の哲学を批判しつつ使いこなし、一つのまとまった神学を構築するためなのである。この場合、信仰の一体性が問題になっているではない。問題になっているのは、知としての神学の構造的な統一性である。この点に関しては、聖トマスがアリストテレスに負っているものが、彼がほかのあらゆる哲学に負っているものよりもはるかに大きいということも、紛れもない事実である。おそらく全体として捉えられたほかのすべての哲学よりも。しかし、神学者としての努力の唯一の目的は、哲学ではなく神学を構築することなのだ。このようにして作り上げられた教説が有している哲学的な一体性は、哲学よりも高度な光を通して聖トマスに到来したはずである。聖トマスがそうした哲学の多くを一貫性を失うことなく使用することができた理由は、彼がそうした哲学のどれとも結びついておらず、それらのうちのどれにも依拠しておらず、そして彼がそうした哲学から借りてきたと思うものをまず初めに自分のものに作り変えてしまったからなのだ。

　神学者の仕事に真に触れ、その著作の本性を理解しようとするとき、『能力論』第三問第六項のようなテクストにおける個人的な考察ほど役に立つものはない（ただしほかにもたくさんあるのだが）。聖トマスはそこでプラトン主義者としても、アリストテレス主義者としても、アヴィセンナ主義者としても姿を現さない。これら三つの哲学の深奥にまで降りていくと、それらのうちのいずれも、無からの（*ex nihilo*）創造——ここには質料も含まれる——という考え方を抱かなかったことがわかる。しかしこれらの哲学は、神学的な光のなかに浸されると、それらを初めに理解した哲学者たちの精神のなかで有していたと思われる可能性よりも豊かな哲学的可能性を示すことになるのである。神の実在へ至るための五つの道の真意、そして第一存在の普遍的原因のための三つの論拠の真意は、結局、これらの道や論拠それ自体から生じるわけではない。

これらの真意は、神と存在の決定的な観念から湧き出してくるのである。神と存在の決定的な観念が有する光は、信仰を満たされた知性から発し、その光が触れたさまざまな哲学を変形させることができる。しかし神や存在というものは、長い研究を経てそれらが実際に経験されたときにしか理解されない。論証の巧みさというものは、それらの証明を許すどころか理解する妨げになるのである。

第三章　ありてある者

Celui Qui Est

したがって神の本質はその存在である。ところでこの崇高な真理をモーセは、神より教えられた。モーセは神に尋ねてこう述べる。「イスラエルの子たちはわたしに〈その名はいったい何か〉と問うにちがいありません。彼らに何と答えるべきでしょうか」。神はモーセに「われはありてある者である。彼らに〈ありてある者〉という方がわたしをあなたがたに遣わしたのだと伝えなさい」と応じられた（「出エジプト記」第三章第十三〜十四節）（CG. I, 22, 10）。

聖トマスはこの「出エジプト記」の言葉のすべての内容を一つの真理に凝縮することは成し遂げられなかった。いやむしろわれわれのほうが、すべての内容を同時にあらゆる側面から見ることができていないのである。神は「われはありてある者である（*Ego sum qui sum*）」と言うことによって、神自身が実在するということを宣言している。神は、「神があると知りなさい」とは言わなかった。そうではなく、「われはある（Je suis）ということ、そしてわが名前は〈ありてある者（Qui Est）〉であるということを知りなさい」と言ったのである。それをいまだ知られざる新しい神のことだとイスラエルの民が信じてしまわぬように、啓示は以下のような言葉を付け足している。「イスラエルの子たちにこう言うがよい。あなた方の先祖の神、アブラハムの神、イサクの神、ヤコブの神である主がわれをあなた方のもとに遣わされた。これこそ、とこしえにわが名、これこそ、世にわが呼び名」（「出エジプト記」第三章第十五節）。

かくして先ほど述べたように、[1] 神は自らの名前と、同時に自らの実在を啓示した。そしてこの同じ言葉のなかで、いわば自らの本質を啓示したのであるから、聖トマスが与えた解釈に従うならば、神はそのことを通じて、あるときは神の本質が単純であること（ST. 2-2, 174, 6）、あるときは神の本質はその存在（être）であるということ、〈神の……本質は自らの存在である（*Dei... essentia est suum esse*）〉こと（CG. I, 22, 9）を告げたのである。複雑に絡まりあったこれらの観念を解きほぐす努力をしてみよう。

まずは文献学者という高潔な人たちに対して、尊敬や称讃や感謝の意を表しておく機会を逃すべきではない。文法や辞書で武装し、〈科学的〉と称される自らの方法に支えられているので、文献学者たちは自分たちには聖なるテクストの正確な解釈を行う資格があると考えている。彼らがその能力に限界があることを自覚しているかぎりは、その能力を認めぬわけにいかないだろう。たしかに文献学は、最大限の正確さをもってテクストの意味を確定させてくれる。ただしそのとき、テクストの著者がほかの人たちと同じような人間であり、われわれと同じような心性を持っていて、自分の時代や土地の人たちの言葉を使いながら同じ言葉で彼らが意味したものとよく似た観念を表現していたと想定しているのである。

この方法を聖書に当てはめることができるのは以下のような場合に限られる。つまり、聖書を書いた人間はほかの人たちと同じような人間であったというだけでなく、さらに、その人が人間にほかならないと仮定する場合である。もしもこのような仮定を行うと、霊感を受けた著者という観念は消滅し、聖書は『イリアス』や『アエネイス』のように、文献学者たちによる文献学の規則に完全に支配された書物になってしまう。たとえそうだとしても、気をつけねばならないことは、テクストの意味は文法のなかにも語彙のなかにもなく、それを翻訳し解釈する読者の知性のなかにあるということである。何より重要なことは、そしてわれわれにとって重要なのはこれだけなのだが、どんな科学的文献学であっても、霊感を受けた著者が自らの言葉に託した意味をわれわれに理解させることはできないということだ。というのも聖書記者は、定義からして、人間を超える真理を語ろうとする人間だからである。聖書記者は、人々が一般的に抱くものとは異なるような思想を表現するために、人々が一般的に使用するような言葉を用いなければならない。文献学者にとってのモーセ五書の言葉の意味とは、それを書いた著者と同時代の人間が普段の会話の話題として話しているときに、その言葉が持っていた意味なのである。聖書の他の箇所にある同じ言葉のおそらく同じような意味に依拠することは、似たようなものがほかでは見つからないような、唯一無比の意味を持つ言葉を聖書記者が使うことはなかったと想定することなのである。

それだけでは済まない。文献学者たちが出した結論の見せかけだけの正確さに囚われないようにするためには、彼らがどのような矛盾に陥ってしまうのか、彼らがどのような厳しい論争に巻き込まれてしまうのかを見れば十分である。文献学的方法はあまりに不安定で、恣意性の余地を残してしまうため、結局のところ聖書註解学者に対し、そのテクストに言わせたいことを語らせてしまっている。科学的といわれる聖書註解が特にプロテスタントの教会でもてはやされるということは驚くに値しない。科学的な聖書註解は、自由検討が学問的な形態をとったものなのだ。そうすることによって、疑わしい客観性と必然性を伴った諸々の結論を信頼し、カトリック教会や伝統の権威から受け取ることがもはやできなくなった保証を、啓示された真理に与えるのである。たしかに文献学者たちの聖書註解の諸方法は必要である。彼らが自分たちの方法は十分満足のいくものだと自称することは受け入れがたい。文献学者の聖書註解の諸方法で捉えられない意味は、たとえ字義的意味であろうと、存在していないとわれわれに考えさせることを彼らに許してはならない。

少なくともカトリック教徒なら、そのような方法で満足することはできないだろう。カトリック教徒にとって聖書はさまざまな意味に満ちたものとして与えられる。そして、それらの意味はすべて幾世紀ものあいだ、テクストのなかで担われ、カトリック教徒が伝統を通じてその継承者だと感じてきたものなのである。たしかに文献学は、それ自体で言えば、いかなるものであれ、こうしたカトリックの立場に同意することはできないだろう。しかし正確に言えば、文献学は神学ではない。だから通常の種類の文学的テクストのために作られた文献学のような方法が、啓示を受けたテクストから、そこに含まれた超自然的な意味をわれわれのために抜き出しうると主張することなど荒唐無稽である。

したがって、聖書記者が聖書を記しながら精神に抱いていた字義的意味、さまざまな字義的意味を確定する資格をカトリック教会は誰よりも有している。それは文献学的な方法でない。カトリック教徒は、聖書が聖霊による霊感のもとで書かれた書物だということを信じている。したがって、聖書が、文法や辞書だけを使っては解決できないような問題を解釈者に対して立てたということに、カトリック教徒は驚かない。霊感を受けたテクストが、それを書いた人間たちにはわからない意味、しかし神的霊感によっていわば未来のためにそれらに負わされた意味を、実際に含んでいることを、カトリック教徒は十分ありうると考える。聖トマスの言葉を、文字どおりに受け取める必要がある。すなわち、聖書の著者は神である（*auctor sacrae Scripturae est Deus*）。かくも例外的な著者の書いたものは、テクストの解釈の通常的な方法だけで満足しているような人間に、意味のすべてが伝わることはない。実際、次のように聖トマスは言っている。「字義的意味とは、著者が精神のなかに抱いていた意味である。そして聖書の著者といえば神であり、神の知性は一挙にすべてを理解するのだから、アウグスティヌスが『告白』の第十二巻で言っているように次のことは不可能ではない。すなわち、字義的意味に関して、聖書の一節でさえ複数の意味を持つ」（ST. 1, 1, 10）。したがって「出エジプト記」のテクストは、それだけで字義的意味のうちに、初期教会の教父たちが読み取ったものすべて、聖トマス・アクィナスがたった今そこに読み取ったものすべてを含むことができるのだ[2]。

神は聖書の著者であり、神は神固有の知を聖なるテクストのなかでわれわれに語っているという、この根源的な確信があるからこそ、聖トマスは最も難解な形而上学的省察をそこに読み取る際にも心安く歩みを進められるのである。その聖書註解は、自然神学――神的事柄についての人間の知――のあらゆる可能性に精通している神学者たる聖トマスによってなされている。彼は、いわば啓示された真理のなかで受け取ることのできる最大限の真理を、自然的理性に言わせるように努める。理性が信仰によって歪められてしまうのではないかというよく語られる懸念は、二重の意味で的はずれである。まず神学者は、神学固有の方法に従順ではない哲学、もはや神学への奉仕を当てにできない哲学に手助けしてもらおうとは一切思っていない。また反対に、神学者は、自分の著作が、啓示された真理を哲学的な真理へと変換するなどと一瞬たりとも考えない。この考えは、神学者にとって恐ろしいものだ。知解を求める信仰（*fides quærens intellectum*）は、信仰が至福直観（vision béatifique）〔神を顔と顔を合わせてみること〕の前で消滅しないかぎり、断固として信仰でありつづけるような信仰である。信仰の知解（*intellectus fidei*）とは、啓示によって与えられた知解可能な対象を知解することだ。ただし、知性が理解するものは、それがいかに重要なものであれ、超自然的な実在に触れることは決してない。この超自然的な実在の内実は、信仰が曖昧さのなかに抱いている対象そのものなのである。

したがって信仰への序文となるような神学があると考えてはならない。神学的思索が真に始まることを期待して、あたかも哲学的入門あるいは形而上学のかたちで書かれた序曲のようなものがあると考えてはならない。神学は、『神学大全』の第一の「反論（*Sed contra*）」から始まる。そして『神学大全』が哲学的思索に関して含んでいるものはすべて、神学に統合されている。この神学のために、神学者は哲学的思索を開始するのだ。たしかに哲学は、あくまで真に哲学であるという条件においてしか役に立たない。ただし婢《はしため》〔哲学〕も家族に含まれているし、婢も家族の一員なのである『神学大全』の第三問に取り組む際に、その真理を見失うことは致命的な不注意である。問いを追い求めていると信じていても実際には迷子になっているのである。二つの大全のなかで、聖トマスは神の実在を証明するや否や、その完全な単純性（simplicité）を確定しようとする。しかしわれわれは、複合的ではない実在的な存在（être réel）については、いかなる経験も有さない。完全に単純な存在については想像することができない。なぜなら自然はそのような単純な存在の例を提供してくれないからだ。だから、神は単純だと証明することは、複合的な諸存在者が存在している（sont）のと同じような仕方で、神が存在しているわけではない（n'est pas）と証明することなのである。神の単純性の証明は、神学における否定的方法の使い方に関してわれわれが出会う第一の例である。神は〈どのような仕方でないのか（*quomodo non sit*）〉（ST. 1, 3, div. text.）を知ることが重要である。そしてそれゆえ、われわれが神について形成する観念から、ほかのものとのあらゆる結合を取り除く必要がある。

この論証はよく知られた弁証法を推し進めることによって完成する。この弁証法の各々の段階は、何らかの、神は合成体ではない（Dieu n'est pas composé de...）ことの証明、つまり神が移動可能で物体的な部分から合成されてはいないということを証明する。神は形相と質料から合成されたものではない、というように。以下同様に、神の観念からほんのわずかの合成の名残までも取り除いていき、神の完全な単純性が精神に与えられる瞬間まで続く。この証明を一歩ずつ辿っていくことほど簡単なものはない。この証明は完全に理性的で、伝統的なアリストテレス主義にとって扱いやすい観念しか使用しないのだ。すなわちエネルゲイアとデュナミス、形相と質料、基体と本性、最後には本質と存在などである。すべての点に関して啓示に由来するものは何一つない。

しかしながら、理性的でその構造において哲学的なこの弁証法は、神の言葉の光に照らされて進展していく。神の言葉はこの弁証法を方向づけ、導き、最終的には終着点にまで連れて行くのだ。その神の言葉とは何か。それは「神はあるか（Si Dieu existe）」（ST. I, 2, 3）という問いにおける「反論（*Sed contra*）」、つまりご存知のとおり、〈われはありてある者である（*Ego sum qui sum*）〉という言葉である。もしもたった一瞬でも神によってなされた神の実在の啓示と、そのもとで神が啓示されるような神の名前を見失ったのなら、『神学大全』の冒頭全体を理解することができないし、したがってその続きを正確に解釈することもできない。この弁証法を正しい視点のなかに置き換えて推し進めていく努力をしなければならない。それなしにはこの弁証法も意味をなくしてしまう。

神の単純性は証明できる。神の単純性を証明することは、その存在の単純性を証明することに等しい。言い換えれば、神の単純性を証明することとは、神の存在がもっぱら神の本質そのものであると証明することなのである。つまりこの論証は、まず初めに神の存在の観念をあらかじめ前提しており、それに依存している。そして神はすぐれて存在するものなのだから、神学者にとってみれば、神の単純性の観念は、神学者が哲学者として認める部分的な存在論に依存しているのである。実際、たとえ神が純粋かつ単純に存在であることを認めるとしても、なおもひとは〈存在それ自体は何であるか（que l'être lui-même est）〉ということをまだわかっていない。

この指摘の真意は、聖トマスの弁証法の展開が最高潮にまで達している〔『神学大全』第一巻第三問第四項に直接当たってみればわかるだろう。そこでは神において、本質と存在は同じものなのかどうか問われている。この問いを立てるということは、本質であることとは存在であることとは同一ではないということ、反対に、存在であることは本質であることと同じではない、ということを暗に想定している。多くの神学者や哲学者たちは、この問いを立てることを思いつきすらしないだろう。聖トマスは、この問いを立てた瞬間に、基体として考えられた神が、神自身の本質あるいは本性と同じであることを確立したのだ。もしも〈存在者〉と〈その固有の本質〉が同じものであるなら、言い換えれば、もしも〈存在者（un être）〉が、〈存在するところのもの（ce qu'il est）〉と同じであるなら、どうやってひとはそれ以上に単純な存在するものを思い描くことができるというのか。自己自身との同一性以上に単純なものはないはずだ。

ここで本質の次元を超えて存在のはたらき（acte d'être）の次元に達してしまった神学者〔聖トマス〕は、間違いなく同時に『存在と本質（*De ente et essentia*）』の哲学者でもあったのである。彼は、〈存在者（l'étant, *ens*）において、本質には、〈存在すること（l'être, *esse*）〉を説明できるものが含まれていないこと、反対に〈現実に存在すること（l'être actuel, *esse*）〉とは、すべての形相あるいは本性の現実態（actualité）であることを知っていた。なぜなら人間は、そもそも存在しているのでなければ、人間ではないからだ。存在していないものは、何ものでもない。したがって神が単純であることを証明するためには、神はその固有の本質と同じであるということを確定するだけでは十分でない。神からありとあらゆる合成を取り除くためには、存在者（l'étant）において、神の観念を還元不能な最後のものにまで連れ戻さなければならない。それは、〈存在すること（*esse*）〉、つまりそれのおかげで端的かつ究極に存在しているようなはたらきなのである。

それにしても、存在のはたらきがなぜ、究極で最後のものなのか。なぜ、弁証法の展開を現実存在ではなく、本質で止めないのか。神の存在とその本質は同じだと言うのなら、神は至高で絶対で単純な本質としても定立できるはずだし、本質を神的な現実存在に還元せずに、神的な現実存在のほうを本質に還元することもできるはずだ。存在の単純性へと進んでいく弁証法をどのような仕方で考究しようとも、その終極に、存在者の本質ではなく、存在するというはたらきそのものを置く聖トマスの決断には、多くの人が一種の恣意性を感じてしまう。

それは、『神学大全』の歩みに従いながらいつのまにか存在をめぐる論証に用心深くなった読者が、聖トマスは哲学から神学へふたたび上昇しているのだと信じようとしているからである。しかし聖トマス自身は正反対のことをしている。たしかに多くの議論によって、存在者における本質と存在との結合が示唆されてきたが、誰も厳密には論証できなかった。有限な存在者が、自力では存在を有していないことは明らかだし、それを証明することもできる。だから有限な本質は、現実存在に関しては可能的なままである。そしてこの可能態とはたらきとの結合があるからこそ、存在しているものにほかならない存在者と、〈存在することそのもの〉である〈ありてある者〉を区別できるのである。しかしどうすれば存在者のこうした直接の吟味、すなわち、現実態にある現実存在とは、正確な意味では、現実に存在するという固有のはたらきを持った本質のことであり、存在するもののなかに限定され、その実体に内在し、実体を存在者（*ens*）に変えるはたらきであるということを論証できるのだろうか。ドゥンス・スコトゥス〔一二六六年頃～一三〇八年。聖トマスの哲学に対立する哲学を主張した神学者〕やスアレス〔一五四八～一六一七年。スコラ哲学を体系化したスペインの神学者〕、そして数え切れないほど多くの神学者たちはこのような形而上学説を拒んだし、今なお拒んでいる。

ひとはおそらくこの拒絶によって引き起こされる、神学的な恐るべき結果については十分思いをめぐらしていない。つまり、もしも有限な実在的な実体が本質と存在から合成されたものではないとすると、神の完全な単純性を確立しようとしても、われわれの神の観念からそのような合成を取り除くことがもはやできなくなってしまうのである。なぜなら、ありもしない合成を神の存在から取り除くなどということは、そういうことを考えている人間の側の頭のなかでしかできないのだから、神の単純性を証明するという企ては失敗してしまう。したがって神学者の歩みは逆の順番に従うことになる。

神学者は、神が言ったのだから神の固有の名前は〈存在（Est）〉であると考える。そして有限な存在者というのは必然的にほかのものと結合したものだとして定立する。さて、有限な存在それ自体は、絶対的に単純な神から発する。だから有限な実体が合成によって成り立っているものであるというのなら、まず初めに存在の根源的なはたらきに、何かが追加されるのでなければならない。この第一の追加とは、本質の追加以外にはありえない。その本質のおかげで存在のはたらきは、ある特定の存在のはたらきに変わるのだ。もしも存在のはたらきが、存在者の実在的な形而上学的構成要素でなかったなら、存在のはたらき（*essendi, esse*）が、本質に、実在的に結合することはないだろう。その場合、存在者自体が神の存在のように単純なものだということになる。それでは神となってしまう。

それゆえまず初めにあらかじめ、存在のはたらきとは、何一つ、本質すらも有していないような形而上学的に絶対的な純粋状態において、それ自体で独立して現実に存在している、という確信があり、そのおかげで、存在すること（*esse*）あるいは存在のはたらき（acte d'être）とは、存在者のまさに基本要素であるという確信や、存在のはたらきはそのような資格で存在者の構造のなかに含まれているという確信が生まれてくるのである。なぜなら、存在するはたらきとは、ひとがありとあらゆるすべてをそれに帰属させたくなるようなものであるからだ。〈ありてある者〉はあらゆる追加を退ける。他方、有限な実体のほうは、必然的に存在のはたらきと、それを限定するものとから合成されている。われわれは聖書を通じて、神とは純粋存在であると知っているからこそ、形而上学的に純粋でない存在のはたらきのなかに実在性の形而上学的核を置くのである。

こうした弁証法全体は、「出エジプト記」の言葉の光に照らされて、突き動かされ、導かれ、結論に達する。この弁証法は方法と構造において形而上学的である。なぜなら聖なるテクストのなかで、このような弁証法を仄めかしたり告げたりするものは何一つないからだ。啓示は、そうした形而上学的なものに頼ることなく自分自身の目的に達することができる。人間の側からみれば、聖書の元々の文字どおりの意味は、いかなるアリストテレス的技巧も思わせることがないということを認めなければならない。これに対し、聖トマスはそこに、神はあるということ、神は〈存在〉であること、神は単純であることを同時に一挙に読み取ったのである。さて〈ありてある者（Qui Est）〉であること、そして単純であることとは、まさに純粋かつ端的に存在する、ということである。聖トマスは、際立った知的大胆さを発揮し、実体と本質のところで自然と立ち止まってしまうような存在の哲学的弁証法をさらに推し進め、神の言葉の真理と合流するところにまで至ったのである。神は〈ありてある者〉として自らを啓示したのだから、存在者の起源や核そのもののうちに、現実に存在するという純粋なはたらきを置かねばならないということを聖トマスは知っているのである。神の言葉は、神の言葉に照らされて理解された哲学的な観念を断固として超越するものでありつづける。だからこそ、哲学的な観念は、神の言葉から演繹されることはできないはずなのだ。聖書が断言しているように、存在と神の哲学的観念は、結局のところ、存在のはたらきの哲学的観念と同じものなのだ、などとは言わないようにしよう。実際、聖書自体はそのようには言っていない。そうではなく神の固有の名前とは、〈ありてある者〉である、と聖書は言っているのだ。聖書がそのように言うのだから、わたしはそれを信じる。わたしがこのように信仰の対象に同意しているあいだは、聖書との接触によって豊潤なものとなった知性は、第一存在の観念についての知解をさらに深めることになる。唯一のそして同じ思索の流れを通じて、知性は、存在するという第一原理の哲学的意味のなかに、予期しなかった深遠さを見いだし、信仰の対象についての完全ではないけれども真の知解を獲得するのである。

神の言葉を知解するがゆえに、われわれがキリスト教哲学と名づけるものとは、この思索の流れそのもののことである。この思考運動がもたらす神の言葉の知解は、慎ましくはあるが非常に重要である。また、この身振りが原因となって生まれる教義の秩序、展望の広がり、そして哲学的な視野の深まりゆえに、この思索の流れはスコラ哲学という称号を受け取る。キリスト教哲学とスコラ哲学というこの二つの補足的な側面から見て、この思索の流れは聖書と不可分離なのである。したがってわれわれは長い時間をかけて、さらに繰り返しであればなおよいのだが、神の名前の完全さのなかに神の単純性の弁証法がある、ということを感じ取る努力、あるいは反対に、〈われはありてある者である(*Ego sum qui sum*)〉という光に照らされたこの弁証法を、ゆっくりと時間をかけて展開していく努力をすべきなのだ。

原註

(1) 第一章十五頁を参照せよ。

(2) 「エルサレム聖書」六三頁註gによる「出エジプト記」第三章第十三～十四節の解説を参照すれば、最も正確な哲学というものが、いかにして聖トマス・アクィナスによって立てられた神学的解釈の法則とうまく調和するのかがわかる。字義的な意味がもたらすことのできないような解釈であるならば、いかなる解釈も受け入れがたい。しかし、その同じ一つの言葉は(神がその言葉を述べたのなら)、字義的な意味を複数持っているということがありうるのである。

第四章　本質を超えて

Au-delà de l'essence

しかし真理に即して語れば第一原因は無限なる存在であるかぎりで存在者を超えたものである。ところで、存在者と言われるのは、有限な仕方で存在を分有するものであり、これこそ、対象が存在しているところのものであるわれわれの知性に対応したものである。アリストテレスの『魂について』第三巻（III, 4, 429b 10）に記されているとおりである。したがって、われわれの知性に捉えられるのは、存在を分有する何性を有したものだけである。しかし、神の何性は存在そのものである。故に、神の何性は知性を超えたものである（『原因論註解』第六命題）（H. -D. Saffrey（éd.）, p.47）。

神は存在である。聖書にはそう書かれている、あるいは少なくとも、聖書にはそう書かれているとわれわれはしばしば主張する。しかしもしも神が〈ありてある者（Qui Est）〉であるとしたら、神の存在（*esse*）が、神の本質の代わりをなすことになる。そして、すべての存在者とは、現実存在を授かった本質のことなのだから、存在者の観念そのものは、本来なら神にふさわしいとはいえない。プラトンにおける〈善〉のように、神を、存在者の彼方へと遠ざける必要がある。すなわち、〈第一原因は存在者の彼岸にある〉。

聖トマスほど、思考と用語の慣習に注意を払った者はいない。彼は、そうした慣習に真正面から衝突するようなことはしないし、必要もないのに逆らうようなことは決してない。しかし、われわれはいっそう正確を期すべく、彼の言葉のうち、決定的なものだけを拾い上げるようにすべきである。これら決定的な言葉において、非常にしっかりとした聖トマスの用語は、ときに、ある問題について彼が絶対的な真理だと考えるもののすべてを含んでいることがあるのだ。

本章で扱う問題についても同じことが言える。神は存在者（*ens*）であると言ってもかまわないし、われわれ自身もそのように言うことがあろう。こういうことが許容される理由は、すぐにわかるはずだ。しかしながら、最終的な分析においては、神の真の名前は存在者（*ens*）ではなく存在（*esse*）であるということを忘れないようにしよう。もしもいつかわれわれの言語のなかに用語法が確立したならば、神は存在者（étant, *ens*）ではなく存在（être, *esse*）であると言うことによって、この真理を説明することになるだろう。残念ながら今のところこの用語によって先のような区別をすることは許されていないので、少なくとも神を、一般にわれわれが存在するもの（un être）と呼ぶもののように理解しないよう努めなければならない。実際、存在者（*ens*）という語の厳密な意味を考慮したうえで、存在するものとは、現実態にある現実存在（existence actuelle）、つまり存在（*esse*）あるいは存在のはたらき（*actus essendi*）を有した何ものかであるということをわれわれは喚起しておいた。この何ものかとは、存在（*esse*）のはたらきを受容する基体であり、われわれはそれを本質と名づける。したがって、存在するものは本質によって制限された存在のはたらきから構成されているのだから、神以外のあらゆる存在は、定義上、有限なものだということになる。反対に、神は存在の純粋なはたらき、すなわち自らを制限するような本質を一切持たない存在そのもの（*ipsum esse*）であるから、神は自らの観念によって無限なのである。したがってもしも、現実に存在するはたらきを有しているのであって、現実に存在するはたらきであるわけではないという意味において、あらゆる存在者が有限なのだとしたら、神は存在する、神は〈ありてある者〉である、神は完全に単純なものである、神は無限であり、存在者（*ens*）の彼方に位置づけられる、などといった言い方は、同じことを述べているのである。神は無限である。なぜなら神の単純性とは、存在（*esse*）の純粋なはたらきの単純性のことだからである。それは、あれであるとか、これであるとかではなく、まさに、ある（*est*）ということ、なのだ。

ここで「出エジプト記」の言葉は新しい意義を帯びるようになる。実を言えば、この新しい意義というのは、「出エジプト記」の言葉に対し、ほかのあらゆるものと共約不可能性な意義を与えることであり、あるいはもっと端的に言うと、「出エジプト記」の言葉をいかなる意義によっても制限しないということだ。そして先のような理由から聖トマスは、神が、存在者（*ens*）――この観念は有限性（*habens esse*）を含んでいる――を超えたところにあることを指摘したうえで、にもかかわらず、神は、存在の序列において第一のものであり、このうえなく存在者（*maxime ens*）だと言うことについても反対しないのである。人間自身が本質と存在（*esse*）から合成されたものであるから、人間の知性に見合った対象とは、純粋な存在ではなく、存在者（*ens*）だ。それは、常に、本質によって規定され、制限された、現実に存在するというはたらきのことである、とわれわれは先に述べておいた。もしも人間の知性にとっての固有の対象がそのようなものであるならば、われわれの知性がそれとは異なる種類の対象を理解することは不可能である。質料的対象は人間の知性に服するものであるが、質料的規定そのものの特異性ゆえに、人間の知性は質料的対象を理解することができない。そして、純粋な現実存在は、人間の知性を超えたものである。純粋な現実存在は、そのはたらきの無限性ゆえに、人間の知性を超越する。こうした前提から、そこに暗に含まれている結果を取り出さねばならない。つまり、われわれの知性にとって理解可能なのは、現実存在（exister, *esse*）を分有しながら何性（quiddité）あるいは本質を有しているものだけなのだ。ところで神の何性とは、現実存在そのもの（exister même, *ipsum esse*）である。したがって神は、知性の彼岸にあるものなのである。

このような真理について、いくら深く考察しても深すぎることはない。この真理が良識を脅かすことは認めておかねばならない。良識は、この真理に対して不可知論の気配を感じてしまう。しかし、この非難は根拠のないものではあるが、反論を避けようと思ってこの理論を偽装してしまうと、真正なるトマス主義の真理にうまく仕えることができなくなる。反対に、この理論を極限にまで推し進め、厳密に唱えるようにすれば、その真意や正当性の証拠を同時に見いだすことになるだろう。

人間の知性は、〈神的本性〉と呼ぶにふさわしいものについて、さまざまな真理を理解したり述べたりする。もっと技巧的な用語で言えば、人間は、神について、さまざまな肯定命題を形成することができる。創造されたありとあらゆる諸完全性は当然ながら創造主にも述定されるし、こういった肯定は実在に根拠を持っている。ただし、プラグマティスムのどんな誘惑も聖トマスの思想には無縁である。聖トマスが、〈われわれの父……（Notre Père...）〉と言うとき、キリスト教徒は神がわれわれに対して、父親のような仕方で振る舞っているとは考えない。それにまたキリスト教徒は、われわれの側に立って、われわれの神に対する態度が、父親に対する息子の心情から着想を得ていると単純に考えることもない。われわれは神を父親のように愛する。なぜなら神はわれわれの父であるからだ。父性の現実全体は実にまったく神のうちにある。というよりむしろ、父性とは神のことなのである。ほかのさまざまな完全性についても同じことが言える。こうした諸完全性は、有限な存在のうちに現れており、第一原因に帰せられる。すなわち正義、真理、善良さなど。こうした名前や、その名前が意味しているものは、神に正当に語られるものだ。その理由は単純である。存在するもののうち、神がまず原因であるとされないものは何一つないからだ。それゆえ優先順序からいって、何らかの完全性を意味する名前のうち、神に適用できないものなどまったく存在しない。あらゆる卓越性の原因はその卓説性の名前を担う資格がある。なぜならばその原因とは、そうした完全性そのものなのだから。

しかしながら、もしも聖トマス・アクィナスが神について考えたことを考察してみたいのであれば、こうした視点を乗り越える必要がある。人間知性の自然的対象とは感覚的経験から抽象された何性である。この事実は、魂と肉体の実体的結合たる人間の本性そのものと関係しているため、例外を受け付けない。その対象や抽象度がいかなるものであれ、すべての概念は、存在の概念そのものでさえ、感覚にとって知覚可能な質料的対象に属しているような何性、本質あるいは本性しか含んでいない。イメージとは感覚的起源の標識であり、それによってわれわれの知性はすべての抽象観念を理解するのである。イメージなしにはわれわれは何も理解することができない。

この原理から最も直接的に導き出される結果は、その真意を正しく理解したり吟味することが最も難しい結果の一つでもある。われわれは創造された諸完全性の観念を持っている。このように創造された諸完全性の観念は神から生じるのであるから、まさしく神のうちにある。少なくとも神がそれら完全性の観念の内実でなかったら、神はどうやってそうした諸完全性の観念を生み出したというのだろうか。他方、神は非物体的で単純である。そしてわれわれは、創造されたいかなる完全性についても、それが感覚的経験のなかに与えられるという仕方でしか表象できないのだから、神そのものはわれわれにとってまったく表象不可能なものだ。神とはまさに、われわれが、良い、美しい、真である、力強い、認識する（connaissant）、愛に満ちている（aimant）、などと呼ぶものである。ところが知性がこうした抽象観念を作り上げ、これらを神に当てはめようとすると、良いもの、美しいもの、真であるもの、力強いもの、認識するもの、愛に満ちたもののように、いつもながら想像力に与えられた物体的存在のイメージになってしまう。というのも人間は物体的に存在するもの以外は認識できないからだ。このような類《たぐい》の観念はすべて先と同じような結果になる。神はまさに父である、しかし人間が表象することのできる唯一の父性とは、別の生きものを生む生体における父性だけなのである。そして、われわれにとってわれわれを生んだ人間が父であるのと同じ仕方で神が父であるわけではないということはとてもよく知られている。いかにして神が父であるのかわれわれにはわからない。別の言い方をすれば、神の父性とはわれわれには表象不可能なのである。ドミニコ会のA＝D・セルティヤンジュ氏〔一八六三～一九四八年。フランスの神学者。ドミニコ会と新トマス主義の代表者〕は、大胆な表現を使って、これまで述べてきたような側面ゆえに、神についてのわれわれの認識をめぐるトマス的学説は「表象の不可知論（agnosticisme de représentation）」である、と十分な根拠をもって述べることができた。この大胆な表現における唯一の欠点は、それが、想像力には富むが知性に欠けるような人間を混乱させかねない点である。

良い、美しい、あるいはこれらと同じ類《たぐい》の観念に関して真であるようなものは、まず初めに、存在者（*ens*）の観念に関して真である。神に対して与えられたあらゆる名前は、たとえ〈存在者（*ens*）〉という名前であっても、被造物についての名前である。われわれは、創造されず、ほかのものから合成もされず、一部分すらも物体的でないようなものについては、何一つ経験することができない。さて、存在の観念はわれわれのあらゆる表象に随伴する。なぜなら良い、美しい、真である、父親であるというのは、いわば存在する良いもの、存在する美しいもの、存在する正しいもの、存在する父親であるものと同じだからだ。実際、ひとはしばしば、われわれのすべての概念は最終的な分析においては、存在者の概念がさまざまに変様しただけのものだと言う。神は存在者を超えているという単純な事実、そしてこのような表現が神について使われるとき、その表現の本来の意味はわれわれには表象不可能だという単純な事実がある。こうした単純な事実が引き起こす結果は、神に与えられた名前のうちいかなるものも、たとえそうした名前が人間的認識のレベルでは絶対的かつ確実に真だとしても、神の完全性が神自身においてそうあるのと同じように表象することはできない、ということである。

そこからいくらかの人たちにとって驚くべき、とはいってもまったくもって真であるような以下のごとき表現が生まれてくる。すなわち、われわれは確信をもって神はあるということを知っている、しかし神が何であるかはわからない、と。実際、神は存在そのものであって、それ以外の何ものでもない。神は存在に他ならない（*Deus est esse tantum*）。しかし存在とはわれわれにとって常に存在するこれこれのものであるから、その本性がすべて存在することであってそれ以上でもそれ以下でもないような存在については、表象することが不可能なのである。簡潔ではあるが十分であり、また完全でもある次のような公式に立ち戻って、この公式について深く考察しなければならない。すなわち、われわれの知性は存在を分有する何性を有するものしか把捉できない。「さて神の何性は存在そのものであり、したがって神は知性を超えるものである（*sed Dei quidditas est ipsum esse, unde est supra intellectum*）」という公式である。聖トマスはまたもや、神は本質を持たない、と述べることを避ける。いつものように、聖トマスは神の本質、そして神の存立そのものを、神の存在と同一視するのである。すなわち、「神は存立する存在そのものである（*est ipsum esse subsistens*）」（EE., V）。ただしこの場合にかぎり、本質は存在そのものであるため、本質が知性を超えてしまうことになるのだ。

このことを聖トマスはしばしば繰り返す。精神がこの神についての真理を確信することは最も重要なことである。存在（*esse*）は、二つの意味で言われる。一つ目の意味では、存在のはたらきを意味する（*uno modo significant actum essendi*）。もう一つの意味では、命題の合成を意味する。これは精神が主語に述語を結びつけることによって生み出すものである。存在（*esse*）を一つ目の意味で捉えると、われわれは神の存在（*esse*）を認識することができないし、神の本質も認識できない。これらを認識しうるのは、存在を二つ目の意味で捉えた場合だけである。実際われわれは、〈神はある（Dieu est）〉と言うとき、神について形成された命題が真であるということを知っている。しかもそのことを、われわれはその結果から知っているのである（ST. 1, 3, 4, 2^{m}）。神の本質を知りえないように、神が存在することも知りえない（*Non possumus scire esse Dei, sicut nec essentiam*）。この道をこれ以上推し進めることはできないかもしれない。しかしわれわれはさらに前進しなくてはならないし、この真理に一度確信を持ったのなら、そこから退いてはならない。というのも、神の人間的認識に関わる神学はすべて、この真理から切り離されることはありえないからである。〈神はある〉という命題は、真理であり、このように明示されている。しかし、〈ある（est）〉がこの命題のなかで意味するものは、認識されえない。もしも〈神はある〉という命題における〈ある〉の意味がわからなかったら、〈神とは何か〉ということはわからない。知性は神についてさまざまな真なる命題を形成できるということをもう一度思い起こさねばならないのだろうか。それ以上確かなことはなかろう。しかしそんなことが問われているのではない。聖トマスが述べ、そして繰り返し力説するのは、神について真なるこれらの命題は、神の本質を理解させることができない、ということである。これらの命題は、創造された完全性の原因としての神について、何を言えば真であるのかを認識させてくれる。しかし、その本質が存在することであるような神そのものについては、その存在（*esse*）はこの世ではわれわれにとって認識されないままなのである。「神の存在は認識されない（*Esse Dei est ignotum*）」（QDP, VII, 2, 1m）[1]。

この言葉は耐えがたいものであり、多くの人たちがこれに同意することを拒んだ。しかし神を探究する魂が、神について得ることのできる認識とは何かという問題を、どのような水準で追究しているかにすべてが懸かっている。たしかに聖書が、神について、われわれに神の本性を認識させ、そうして祈りを通じて、神との本当の親密さのなかで瞑想したり敬虔に信仰したりすることができるよう選ばれた言葉で語っている。〈ありてある者たる神（Dieu Qui Est）〉とは、アブラハム、イサク、ヤコブたちの神と同じであって哲学者や学者たちの神とは異なる。それは、キリスト教徒が〈父〉や〈子〉や〈聖霊〉のように、とりわけかつて人間の目が幸運にも目にすることのできたイエス・キリストのように、心を開いて語りかけることのできる真の神であり、そしてわれわれには直接目にすることができなかったけれども、いっそう大きな幸運でもって信仰することのできる真の神である。ほかのものを探す必要はない。もしも神学者たちが思弁的神学を、それが含んでいる哲学もろとも、救済にとって必要なものとして要請しているのだとしたら、自らの思索によって神学者たちがまるで好き勝手に救済の真理の認識を複雑化させていることに驚いてしまう人たちのほうが正しい感覚なのかもしれない。しかし実際はそうではない。われわれの精神が現在取り組んでいる問題というのは、できるだけ深遠なる信仰の知解を得たいと望み、自然的理性が神の言葉の意味について理解し述べることのできるものから抽象された定式を追究している人たちのためだけに措定されたものにすぎないのである。〈神とは何か〉について、〈知る〉というのを本来の意味で考えた場合、われわれは何を知っているのかという問いは、さまざまな神学者たちからさまざまな回答を得てきた。しかしその回答がどのようなものであれ、結局彼らはみな、救世主としての同じ神を信仰してきたのである。敬虔がもたらす親密さは正当でもあるし善きものである。しかしここで問われているのは別の水準のものなのだ。厳密に、そして哲学者のごとく次のように問おう。すなわち、われわれは神についていかなる表象を形成することができるのかと。この問いに対する正確な答えは簡単なものだ。もしも神を表象することが神の本質を表象することとなのだとしたら、われわれは神についていかなる表象も形成することができないのである。

この結論のなかに、キリスト教徒を悩ませるはずのものや、その敬虔さを脅かすようなものはない。反対である。というのもまず、いまさっき言われたように、信仰に忠実なすべての人間が自らの信仰と慈愛の神について、信じ、考え、愛したところのものを神学者もまた心のなかで考え、深く愛するからである。われわれは聖トマス・アクィナスのように、神を理解しうる（理解しうるのでなければならない）し、アッシジの聖フランチェスコのように、神を愛することができる。そして、トマス主義神学は敬虔さと神秘的瞑想に対する展望をもたらすのである。この展望は、トマス主義神学に固有のものであり、その価値はまさしく無限である。というのも、キリスト教信仰の神を理解可能なありとあらゆる表象の彼方に遠ざけることによって、トマス主義神学は、神人同形説という致命的な危険を追い払うことになるからだ。神を擬人化してしまうことにより、すぐれた精神を持った多くの人たちは、神から遠く離れてしまった。彼らは、神がそうであるはずのない有限な対象、彼らの理性が容認できるはずのない有限な対象を、神という名のもとに考えてしまったのである。しかしトマス主義神学はそれ以上のことを行う。トマス主義神学は、われわれの慈愛に対し、知られざる神（Dieu inconnu）を与える。この神の、無限で語りえぬ偉大さは、その偉大さが認識を凌駕するものであるがゆえに、愛によってしか捉えられない。キリスト教という宗教は、多くのさまざまな霊性を含み持っているが、そのなかでもこれほど高貴なものはない。

トマス主義神学がこの特殊な霊性を帯びるのは、トマス主義神学が十全かつ厳密に捉えられた場合のみである。こうした十全さや厳密さを失ってしまうと、トマス主義神学そのものの力も弱まってしまう。聖トマスが自家製の神学を何一つ他人に強制していないということは、いくら繰り返しても十分ということはない。彼が強いるのはもっぱら信仰のみであった。聖トマスが信仰について提示した知解の方法に関して言えば、そうした方法がわれわれを拘束するのは、彼の提示する方法がわれわれの同意を得ている場合にかぎる。聖トマスの理論の基本原理は、たとえわれわれが個々人の不備ゆえにそれに同意できず理解できなかったとしても真でありつづける。いかなる場合でもわれわれが避けるべきこととは、その理論を、われわれが理解できるようなものに還元してしまうことである。あまりにもよく起こることではあるが、理論を受容可能なものに変えてしまうこのやり方は、普通、結果として、その理論を無力にし、誤りではないとしても役に立たないものにしてしまうのである。いずれにせよ、そのとき聖トマスの理論は自らの本来のあり方を失ってしまうのだ。

真理を守ろうとしながら、実際には意に反して真理を半端な真理（**demi-vérités**）に置き換えてしまった人々が真理に対して犯した過ちについて、いくら誇張してもしすぎることは決してない。治療薬の十分な服用量を投与することを恐れた医師のごとく、このように振る舞う人間は、患者を殺しはしないが、患者を死なせてしまうことになる。もしも原理についての思弁的真理が問われているのなら、その真理には、完全に到達するか、まったくもって失敗するかしかありえない。だからといって、人間知性には神を〈理解する〉ことはできない、と言ってお終いにするのはやめよう。それはあまりにも明白で、わざわざ言うほどの価値もない。さらに、人間はこの世では神的存在を完全に完璧にあるいは適切に表象することはできないだろう、と言って満足することもやめよう。もしも聖トマス・アクィナスの神学とは別の神学に対して同意を与えるのであれば、それで満足することも許されるだろう。他のやり方によって、聖トマス以外の神学が真であることもある。しかし聖トマスによる神の神学的観念や、人間学を一度認めたのであれば、唯一の可能な結論とは、聖トマス自身がそこから引用した、「われわれは神の存在を知ることはできない（*non possumus scire esse Dei*）」という結論だけなのだ。

〈神はある（Dieu est）〉という命題については、われわれはその命題が真であるということを知っている。われわれは、この命題がどんな真理を意味しているかということも知っている。なぜなら、この命題は、単純で純粋で無限な神そのものの存在（esse）を肯定しているからだ。ただし、この命題は神的存在を理解するための、われわれの人間的な方法を意味しているにすぎないということも知っておかねばならない。神はある、ということは、真であるし、われわれは知っている。しかし〈ある（est）〉という動詞が表象するものを、神の場合、われわれは知ることができない。[2]

ここにこそ、聖トマスの教義の真理が示されている。全身全霊を捧げてこうした教義を提示しながら、聖トマスはそれを支持する根拠を、本当は一つしか持っていない。それは真であるということ、それだけである。この理論が多くの良識を持った人たちのなかに引き起こす反発は、この理論を弱体化させるどころか、堅固なものにする。なぜなら、われわれにとっての神の存在の表象不可能性というものは、まさに感覚的経験から抽象された何性的概念によって認識するという、人間固有の方法と関係しているからである。われわれに対してある対象の何性的概念が拒まれているとき、その対象そのものがわれわれに対して拒まれているかのように思われてしまう。そのとき知性は反乱を起こし、自らの権利を要求するのである。

トマス主義神学のこうした部分に対してときどき向けられる不可知論という非難の発端は、まさにここにある。聖トマスは、彼自身それを証明することの困難さを認識していた。というのも彼はわれわれと同じように人間だったからである。人間はイメージなしには考えることができない。人間はそうするよう運命づけられている。にもかかわらず、神は何であるかということへの想像をなんら交えないで、神の存在を肯定することを要求されている。しかし、正確に言えば、想像可能なあらゆる存在とは、本質によって制限された存在のはたらきなのであって、〈ありてある者〉の純粋な存在のほうは、いかなる限定によっても制限されていない。それは、聖ヨハネス・ダマスケヌス〔六七五年頃〜七四九年頃。東方教会の『神学大全』ともいわれる『正統信仰論』を著した〕がそれについて語ったような、存在の無限の海（mer infinie d'entité）なのだ。すなわち、「いわば限定されていない、実体の無限なる海（*quodam pelagus substantiæ infinitum, quasi non determinatum*）[3]」。したがって、自らのすべての対象をその対象の本質あるいは何性によって限定することが自然的かつ固有の機能であるような知性にとって、全面的にいかなる本質によっても無限定であるこの存在は、いかなる仕方によっても想像不可能だし表象不可能なのである。

　だとすれば、その本質を考えられないような存在が現実存在することを肯定するよう求められたときに、人間知性が感じてしまう、当然であるがゆえに避けることのできない当惑は理解することができる。意図的で執拗でほとんど乱暴でもあるような抽象化作用——それは現世の知性のやり方に反している——を推し進めると、知性は、次第に自らの対象から、その対象が表象可能なものとしてなおも含んでいるすべてのものを取り除いていく。〈ありてある者〉、つまり神は、物体ではない。われわれが想像するものはすべて物体なのだから、神を想像することはできない。われわれは想像することなしに理解する（concevoir）ことができないのだから、神は本来理解されえないものである。それだけではない。というのも、神からありとあらゆる物体的限定を退けたあと、さらに神の観念から、被造物のうちに見られるすべての知性的限定、すなわち質料と形相、類と種差、基体と偶有性、エネルゲイアとデュナミスなどを退けなければならないからである。その結果、この形而上学的な抽象化作用が推し進められるにつれて、神は、いかなるものであれわれわれの認識するものには似ていないものに徐々になっていく。とどめの一撃が与えられるのは、その本質が存在するということのみであるような存在を考えるよう、知性が求められたときである。なぜなら実は、これは知性にとって、本質なしにある存在を考えることに帰着するからだ。知性にとってそれは不可能なことである。ここから知性が陥る混同が生まれる。「神は存在するということしか知性のうちには残っておらず、ほかには何もない。したがって知性はある種の混乱のうちに陥ることになる（*et tunc remanet tantum in intellectu nostro, quia est, et nihil amplius, unde est sicut in quadam confusione*）」(4)。この困惑に苦しめられる人は、自分がすべての人間と同じ困惑を共有していること、そして聖トマス自身も自分より以前に同じ困惑によって苦しめられていたのだということを知っておく必要がある。

どうしてそのような困難に身をさらすのか。それは神学のすべてに関わるからである。神を表象する段階がある。そして神が何であるかがわからないという段階がある。この二つ目の段階は、この世の人間にとって到達可能なもののうち、最も完全な神の認識の段階である。聖トマスの場合がそうであるように、もしも神学が、神学の使用する哲学と、神学が極限で達するような神秘を自らのうちに含んでいながら、神学自体は一つであることをやめず、また同時にすべてでもあるとしたら、この二つ目の段階は、神学者にとってこの上ない報いとなるのである。「神の知の刻印のごときものとして。神の知は万物に及びながらも一にして単純なるものである（*velut quaedam impressio divinæ scientiæ, quæ est una lex simplex omnium*）」（ST. I, 1, 3, 2^{m}）。

こうしたことは、単純な言葉で語られるときにしか、十分に理解されない。したがって、次のように言おう。理解可能な本質のうち、最も完全な本質を、神に割り当てるよう努力した後で、神学者は、いかにそれが高貴な被造物であったとしても、被造物の相において神を表象しないようにするという、比類なく困難な二つ目の努力を自らに課さねばならない、と。要するに、被造物から出発して神を理解する努力を行ったあとで、さらに、神を被造物のうちのどれか一つのように理解したりしない努力が必要なのである。被造物とは、われわれが真に理解できる唯一の存在ではあるのだけれども。

これ以上に困難なことはない。というのも認識するということは、通常われわれにとって自分に似せて同化吸収することであるのに、神へ至るには、あらゆる類似性を超えねばならないからである。われわれが認識するものとは異なるものについて、それが異なるものであるかぎりで、われわれは何を認識できるというのか。しかしながら、まさにそのようなものを表象しないまま肯定できなければならないのである。これこそ、聖トマスがディオニュシウスとともに〈否定神学〉と名づけたものである。否定神学は肯定神学の価値を減じるものではない。なぜならもしも神について初めから何一つ肯定しないのなら、われわれの知っているものを超越するために、何を否定しろというのか。否定神学は、それとは反対に、われわれが神について知っているものを超え、われわれが神について言うことのできるすべてのものの彼方に神を位置づけるのである。それは困難な努力である。なぜならそれはわれわれの本性の傾向に反しているからだ。人間は、神のことを考えようとすれば、神を一つの存在するもの（un être）のように表象せざるをえない。こうした誘惑は人間が神のことを考えるたびに繰り返し生まれる。そしてそのたびごとにまた、何らかのイメージを実例とする一つの概念に蠱惑《こわく》されながら、神学者はその概念に対して否と言わなければならないのである。

こうしたことを行う発想は、おそらく単なる哲学者としての精神には訪れない。自分たちの認識しないものに取り組むためにどうして自分たちが認識しているものを超えたいなどと望むだろうか。トマス主義神学者の核心に注意を払う哲学者は常にいることはいる。そのような哲学者もまた、自分は神の本質を認識しているという幻想のなかに安住したがるだろう。しかし、〈ありてある者（Qui Est）〉は存在するということ以外の本質を持っていない。この純粋な〈ある（Est）〉ということを、いかにして理解すればよいのか。そこで、ありとあらゆる表象を乗り越え、そして人間がイメージなしには理解することがないというかぎりにおいて、ありとあらゆる認識を乗り越える勇気を持たなければならないのである。そして神とは何であるかがわからないという状況に飛び込み、暗闇のなかで、われわれが神について〈知っている（sait）〉ことの彼方で、神に到達しなくてはならない。神を理解しないままにおいてこそ、われわれは神を最もよく理解することができる、と聖アウグスティヌスは言った。「知らないことによってよりよく知られる（*melius scitur nesciendo*）」（『秩序論』第二巻第十六章第四十四節）。聖トマスも同じことを語った。ただし彼はその最も強力な根拠を提示する。

まさに神が身を置いているようなこの暗闇（*caligo*）のうちに飛び込む勇気を得るためには、神がわれわれにこの勇気を与えてくれるよう願い、神からこの勇気を得る必要がある。聖トマスは、このことをあまりにうまく述べているのでここで本人に語ってもらうことしかできない。

神は原因が結果に現れているすべてのものから遠く離れたものであることがいっそうよく認識されるのに応じて、神はいっそう認識される。だからこそ、ディオニュシウスは、『神名論』において、神は万物の原因であることから、神を万物の彼方に位置づけ、神について万物を否定することから認識される、と述べたのである。ところで、以上の認識の進展において、人間性が最もよく助けられるのは、その自然本性的光が新たな照明〔認識＝光が与えられること〕によって強固にされる場合である。たとえば、信仰と知恵と聡明の賜物の光がそれである。その光によって人間精神は、自然本性的に把握するすべてのものを神は超えていると認識するかぎりで、観想において自己以上に高められるといわれる。しかし人間精神は、神の本質を見るまで透徹する力は持たないから、何らかの仕方で卓越した光によって自分自身に突き戻されるといわれる。そしてこれは、「創世記」第三十二章第三十一節〔新共同訳では第三十一節〕でのヤコブの言葉「わたしは主を顔と顔を合わせて見た」に対する大グレゴリウスの註釈に、「魂の眼差しは、神に向かうとき、無辺際のきらめきによって跳ね返される」と言われるところである。(5)

ディオニュシウスは聖トマス・アクィナスにおける思弁神学の最後の言葉を発する。神についての知ある無知は、この世において、われわれにとって、神についての至高の知である、と。この否定的な方法ほど肯定的なものはない。この否定的な方法は、まず神についてわれわれが形成することのできるあらゆる真の肯定命題を積み重ねながら、次に、われわれの思考は神がそれらをどれだけ超越するのかを知ることができないというただ一つの理由によって、神についての肯定命題を否定する。実際、純粋存在の完全性は、そうしたすべてのものを無限に超越しているのである。

原註

（1） 現世のわれわれにとっての神の認識不可能性という命題と、神の本質と存在の一致とを結びつける関係については、*De Veritate*, qu. II (*De scientia Dei*), art. 11. Resp. で議論されている問題のなかにはっきりと記されている。*Motu proprio Doctoris Angelici* du pape Pie X, 29 juin 1914 で引用された IVe Concile de Latran, Decret. 3, *Damnamus ergo*, etc. のテクスト「創造主と被造物のあいだには、いかなる類似性（ressemblance）も割り当てることができないので、これ以上大きな差異（dissemblance）を二つのあいだに示すべきではない」を参照のこと。*Motu proprio* のテクストは、J. Maritain, *Le Docteur Angélique*, Paris, Desclée De Brouwer, 1930, p. 246.

（2） これは端的に、われわれの認識の仕方は、神とは何かというものであるから、われわれはこの世において神の本質を認識することはできない、と言うことに帰結する（ST. I, 12, 4）。さて、神の本質を見ることと、神がそれ自体においてあるように神を認識することのあいだに中間はない。この点に関しては、信者も異教徒も同じである。「神の本性をそれ自体においてあるごとく認識することは、カトリック信徒も異教徒もできない」（ST. I, 13, 10, 5^{m}）。もちろん、被造物から出発した、神の間接的な認識（ST. I, 12, 12）、あるいは聖トマス自身が言うように「何らかの原因性、または卓越性、または排除のあり方に即して」（ST. I, 13, 10, 5^{m}）が残る。この神の類比的な認識について、われわれはもっと後で、現実存在の次元における、分有のトマス主義的観念についての形而上学的基盤を見ることになるだろう。ここで憶えておかねばならないことは、この偶像（idole）は神だ、と異教徒が言い、それは神ではない、とカトリック教徒が答えるとき、異教徒とカトリック教徒は同じ意味で〈神〉という語を使うことができるということである。彼らは神について十分知っており（神のもたらす結果から）、神という主題について同意しあったり反論しあったりできる。しかし、どちらも神の本性を、神が自らのうちにあるのと同じように、すなわち「顔と顔を合わせる（*facie ad faciem*）」ようには認識していないのである。

（3） *In I Sent.*, dist. 8, art. 1, ad 4^{m}; Mand., I, p. 196.

（4）*In I Sent.*, loc. cit.

（5）*In Boethium de Trinitate*, I, 2, Resp. éd. B. Becker, p. 66-67.〔トマス・アクィナス『神秘と学知──『ボエティウス「三位一体論」に寄せて』翻訳と研究」（長倉久子訳、創文社、一九九五年）の訳を使用したが、一部訳し直した。〕

第五章　存在論を超えて

Au-delà des ontologies

……われわれは神の存在そのものを見るであろうが、それは神の本質にほかならない（ST. I, 12, 6, 1^{m}）。

「言葉に囚われるなかれ（*de nominibus non est curandum*）」と諺に言われる。聖トマスはこれを引用し、同意する。賢者の姿勢とはそういうものだ。ただし彼はそれに同意するだけでは満足しなかった。実のところ、これこそ彼が実践したことなのである。指摘されてきたのも当然のことなのだが、聖トマスの用語は驚くべき自由さを伴っている。[1] 彼のもとで学んだ人たちはみな、そのような体験をする。そのため、その言葉づかいの自由さの意味やその根拠がはっきりと理解されない場合、何ほどか混乱が起こる可能性がある。

聖トマスが異なる起源をもつ形而上学的用語を区別せずに使用していると見える場合、そのことは哲学史家の顰蹙《ひんしゅく》を買うわけではあるが、彼自身は、不注意な哲学者としてではなく、厳密な神学者として振る舞っている。聖トマスが好んだ哲学的技法とは、〈哲学者〉たるアリストテレスの技法である。ただし彼は、ほかにも多くの哲学者たちが真理に十分接近したこと、そしてその真理をさまざまな仕方で言い表したことを知っていた。こうした多様なやり方はアリストテレスよりすぐれているとは言えないが、それでも検討に値するものである。その哲学的用語のいくつかが、キリスト教徒のなかで最も偉大な人間の名前だけ挙げるとしても、アウグスティヌス、ディオニュシウス、ポワティエのヒラリウス〔三一五年頃〜三六八年頃。アリウス派に論駁する『三位一体について』を著した〕、ヨハネス・ダマスケヌスなど、大いなる権威をもった神学者によって採用されたことを考えてみれば、このことはなおさら正しいと言えよう。聖トマスが、できるかぎり厳密で正確な用語を手にすることを望んでいたとしても、彼が常にそれを好んだのは知られているのだが、彼は、神学的伝統に抗して、まったく独自の、彼自身の新しい理論に取り換えようとは望みもしなかった。神学者として、聖トマスは〈聖なる教え〔神学〕（*sacra doctrina*）〉以外の何ものも説かない。この聖なる教えは、実質的には、信仰の預託〔啓示の際に与えられた信仰の全体〕と同様、すべての人間にとっていつでもどこでも同じままである。われわれにできるのは信仰を知解するために少し前進することだけであり、そうすることで、神学により厳密で正確な知をもたらすことである。ただし、この前進が伝統との断絶を代償とせねばならぬ場合には、そうしたことは試みないほうがよいだろう。

したがって聖トマスは、啓示によって与えられることや教会の教義についての知解を深めるにつれ、前進を避けるようになる。しかしその姿に驚いてはいけない。彼の主要な関心は哲学者の関心ではない。哲学者の関心とは先行者との違いをすぐに主張したがることである。反対に、神学者の関心とは、古来の言葉について、別の仕方で話したり新しい意味で捉えるべきだと考える場合に、まず何よりも先に、自分が述べることは先行者が述べたことに等しいと確かめることである。

聖トマスのこの姿勢が歴史学者と折り合うことはない。彼の姿勢は、歴史における少し平板であるが尊重されるべき文字どおりの真実の否定ですらある。ただしここで、われわれは二つの相反する過ちを、細心の注意を払って避けることにしよう。一つ目の過ちとは、歴史的に正当化できないような解釈を、歴史的に正当化することだ。歴史学者は、アウグスティヌス、ディオニュシウスあるいはボエティウスに対して、彼らが自らの著作を書きながら心のなかにあった、彼らが持っていたと思われる思想しか認めない。その思想がいかなるものだったかを述べる試みは、あまりに困難であり、失敗に帰することが多い。だが、仮に実現できなかったとしても、歴史学者が行おうとするのはそういうことである。二級の真実というものはない。どれだけ地味なものでも、事物と知性の一致は、常に一定の敬意を払われる資格がある。

もう一つの過ちは、神学の真理を学問的歴史の真理に還元しようとすることである。ここでわれわれは現代の不幸に立ち戻ろう。すなわち、勝義の知恵の特性についての忘却あるいは誤解という現代の不幸に。歴史には、固有の領域、方法、権利を残しておかねばならない。ある哲学者の用語法に正真正銘基づくとしても、その哲学者の心のなかにあったと想定できないような思想を、歴史学者はその哲学者に帰することを決して許さない。さまざまな観念の歴史において、哲学者の意識に無縁なものは歴史学者の関心を呼ばない。しかし神学とは神の知の痕跡のようなもので、単一かつ単純であって、すべてを同時に知るものだ。神の言葉はありとあらゆる知解を卓越的に含んでいる。神学者たちは、努力を続けるなかで徐々にそうした知解を獲得していくことができるだろう。それゆえ、神学者というのは、こうした前進と連帯しているがゆえに霊的家族の一員であって、次に来る人たちへと営みを手渡しているのである。そこに自分のものを加えながら、彼は自らに先立つ人たちのことを忘れない。ただし、神学者がそうした人たちの著作を思い出すのは時代遅れとして批判のためであることはほとんどない。反対にそれは、自分が述べようとする真理を、先行する神学者たちがすでに言わんとしていたことを示すためなのである。もちろん、当の神学者のほうが先人より少しはうまく語れるかもしれないが、それはまったく同じ真理なのである。

したがって、聖トマス・アクィナスの神学を神学者のものとして読まなければならない。そして、それを窮余の選択であるかのように考えてはならない。というのも、歴史家も、歴史よりも高いこの神学的展望に登るやいなや、過去の哲学を睥睨《へいげい》する視点を得た哲学者と同じような驚きを抱くはずだからである。哲学者の理論はそれ自体で捉えられると、その哲学者自身が考えたことしか述べていないというのは真実である。しかしその哲学者が、自分の理論が含む真理のすべてを捉えていたとはかぎらないのである。聖トマスによって提示された、『神学大全』の冒頭（I, 1, 3, 2^{m}）における、傾聴に値する比較を思い出そう。すなわち、神学と他の知との関係は、共通感覚と五感との関係によく似ているという点だ。〈共通感覚（*sensus communis*）〉それ自体は、見ることも聴くこともない。それらは外的な感覚の役目である。しかし高次の能力としての共通感覚は、より普遍的な概念規定のもとで、五感の所与を集め、比較し、判断するのである。神学者はそれと似たようなことを行う。多くの哲学者や神学者たちの顔を見据えながら、神学者はまず、無用な媚びへつらいを捨てて、自分が出来栄えの悪いと思ったもの、あるいは間違ったものとして拒絶する。しかし反対に、神学者は、そうしたもののうちに、自分が知っていると思っていた真理よりもより完全な真理を透かし見るように読み取ってしまう。いやむしろ、神学者自身はそれについて明晰な自覚を持つようになるのだ。なぜならそうした先人の後にやってきて、彼らのおかげでこそ、神学者の自然的理性は、啓示の光に照らされながら先人と同じ道を歩み、先へと進むことができるからである。

神学におけるこのような前進における最も顕著な例は神の観念である。キリスト教徒たちは、神とは〈存在〉であるということを常に知っていた。しかし、本当のところわれわれの把捉を超えるような内容を持った表現の意味を正確に述べるには、ある程度の時間が必要だった。聖アウグスティヌスは、存在とは不変性を意味すると述べた。それは正しい。彼はさらに存在とは、エッセンチア（*essentia*）、つまり本質（essence）あるいは存在性（entité）であると述べた。これも正しい。さらに神とは本性（nature）であると言うこともできよう。なぜならわれわれは神の本性について語っているのだから。あるいは、神とは実体（substance）だと言うこともできるだろう。〈子〔キリスト〕〉は〈父〉と実体を同じくするからだ。典礼においては、〈本質において一つ（*in essentia unitas*）〉という用語は正しいと認められている。この用語は正しいものであり、ほかの場所で別の言い方をすることはない。というのもこの用語は、長い時間をかけた検討のなかで最終的教義決定によって承認され、教会によって信仰の正確な表現と認められた唯一のものだからである。ここから出発して、神学者は救済の真理について、何らかの知解を獲得しようと努力する。こうして神学者は、聖書の用語と同様、自分が使用せねばならない用語は、神というよりも、事物についての真理を述べるために作られた人間の言葉であることに気づくのである。一言も変えることなく、その意味を掘り下げて純化しながら、神学者はその言葉に最大限の理性的な真理を与える。この用語は、神学者自身がそれを理解するかぎり、こうした理性的な真理を最大限に受容することができる。神とは本性であるが、しかし神の本性とは、言うなれば、〈存在する本性（*natura essendi*）〉だ。同じように、神は実体である。しかし決して下に‐立つもの（*sub-stans*）という意味ではない。なぜならそれはいかなるものに対してであれ、その下にあるわけではないからである。神は、絶対的な純粋性における存在のはたらき（acte d'être）そのものであるかぎりで実体なのである。同じように神はまさに本質である。というのも、〈存在するもの〉の本質（*essentia*）あるいは存在性（entité）は、われわれにとって存在の現実性そのものを構成するのだから。そういうわけで、神学者は、神を〈顔と顔を合わせて（face à face）〉見るということは〈神の本質を見る〉ということなのだと力説するのである。神に選ばれた者は、至福直観（vision béatifique）において神をありのままに認識するだろう、と神学者は主張する。神学者によれば、彼らが認識するものは、いかに高貴であるとしても神の代わりとなる被造物では決してないし、いかに見事だと想定されるにせよ決して神の何らかの顕現でもないのだ。この点に関しては、『神学大全』第一部第十二問の全体を再読し、よく考えてみなければならない。聖トマスはそこで、被造的知性は「本質によって（*per essentiam*）」神を見ることができるのかを問うている。この箇所で、聖トマスが「子をありのままに見るであろう（*Videbimus eum sicuti est*）」（「ヨハネによる福音書」第三章第二節）という言葉を使うことに躊躇する様子は、一瞬たりとも見受けられない。なぜならそれは神について書かれているからだ。神をありのままに見ることを、神の本質を捉える、という以上にうまく言い換えることなどできるのか。したがって、「至福者は神の本質を見ると端的に認められねばならぬ（*Unde simpliciter concedendum est, quod beati Dei essentiam videant*）」（ST. I, 12, 1）ということに同意せねばならない。実際、われわれは端的に（simpliciter）、つまり全面的にこれに同意することだろう。というのも、われわれはこれに続いて何の躊躇もなく、神の本質とは何かと問うからだ。神の本質を捉えるということは神をあるがごとくのままに見ることである。さて、神とは、〈ありてある者〉、つまり純粋性における存在の無限のはたらきである。それゆえ一方では、創造された知性が神を〈本質によって（*per essentiam*）〉捉えるとき、この知性の可知的形相（forme intelligible）となるものは、神の本質そのものである（ST. I, 12, 5）。しかし同時に、神の本質とは存在の純粋なはたらきと同じなのだから、神をありのままに見ることとは、神においては本質であるところの、この存在（*esse*）を捉えることなのだ。「われわれは神をありのままに見るであろう。われわれは神の存在をそのもの、すなわち神の本質を見るだろうからである」（ST. I, 12, 6, 1[m]）。対象に適合した様式というものは、同時に、対象を〈ありのままに〉規定するのである。

したがって聖トマスの神学的用語は、普遍的教会〔カトリック教会〕用語そのものである。それは聖トマスの信仰が、普遍的教会の信仰そのものであるのと同じことだ。ただし教会は、すべての人々に聖トマスの神学を案内役かつ規範として与えると同時に、キリスト教哲学の名のもとに独特の〈信仰の知解（*intellectus fidei*）〉というものを奨励する。それは、教会が自分たちの共通の博士（Docteur Commun）として選んだ人〔聖トマス〕の、固有の業績だったのである。多くの側面においてとても豊かで多様なこの教えの中心には、そしてあたかもその核心には、〈存在がその本質であるような（*cujus esse est essentia*）〉唯一の存在として理解された神の観念がある。このような神の観念は、トマス主義特有の意味合いを、この神学に与える。聖トマスが神について語るもののすべて、そしてこの後に見るように、宇宙を構成する諸存在者について彼の神学が語るもののすべては、〈存在そのもの

〈ipsum esse〉の光のもとでこそ、解釈されねばならない。なぜなら、存在するものを存在するものとして適切に特徴づけるのは、まさに存在するものであって、〈存在そのもの (ipsum esse)〉ではないからだ。

ここでもう一度、哲学者が反乱を起こす。哲学者は神学者が肯定するもののすべてを証明したいと望むだろう。哲学者はわれわれ各人のうちにいるものなので、哲学者をやすやすと宥《なだ》めすかすことはできない。それに、哲学者を厄介払いすることが重要なのではなくて、哲学者の要求のうちの正当なものを正しく評価してやることが重要なのだ。ただし哲学者の要求のすべてが正当なわけではない。哲学者は、神学者とは何かということをあまりにも無視するように思われるからだ。おそらく哲学者は形而上学とは何かということも正しくは理解していない。哲学者がこの名前で指し示すものは、あまりにもしばしば、知性の明晰さのために用いられた想像力の虚構でしかないからである。

神学から出発して形而上学的認識の観念に取り掛かることは、それを試みたことのない人々にはいかに奇妙に思われたとしてももとても有益である。なぜなら、形而上学的認識の観念が持つ限界がよりはっきりとわかるようになるからだ。だからといってそうした観念の価値が貶《おとし》められることは決してない。それは人間たるかぎりでの人間にとっては、最も高度なものでありつづけるからである。そうではなくて、その形而上学的認識の観念を、神の知恵と比較することによって、その限界がわかるようになるのだ。

形而上学は知（science）である。批判的観念論に反対して、人々はこのことを当然のことながら力説する。ただし形而上学は、あらゆる知と同様、原理から出発して証明を行う。そしてこの原理それ自体は、まさに残りのすべてが証明されることになる起源なのだから証明の対象ではないのだ。これは聖トマスが、〔アリストテレスの〕『形而上学』についての註釈（『形而上学註解』第四巻第六講五九九頁）において述べていることである。聖トマスはそこで、第一原理が満たすべき初めの二つの条件（それに関しては間違えることができないということ、無条件に真であるということ）を挙げたあと、次のように付け加えている。「第三の条件は、〔第一原理は〕証明やそれと類似するほかの仕方によっては獲得されない、ということである。しかしそれはほとんど自然に人間に与えられる。まるで自然に認識され、獲得によっては生じないかのように」。

実際、第一原理は能動知性（intellect agent）〔知性のうちの活動的側面。神や人間知性の一側面など多様な解釈が生じた〕の光によって認識される。それは決して推論によってではなく、その言葉を理解するという単なる事実によって認識されるのである。以上のような理論を要約しつつ、聖トマスは次のように結論づけている。「それゆえ、きわめて確実で（certain）、あるいはきわめて確かな（assuré）原理というものは、それについて決して間違えることができず、無条件なものであって、さらに自然に認識されるのでなければならない、ということは明らかである」。

このようなものとは証明の第一原理たる矛盾律のことである。つまり、一つのものが、同じ基体において、同時に同一の関係のもとで、存在し、かつ存在しないのは不可能ということだ。一貫性を持ったあらゆる思考にとって、このような普遍的規則、第一条件は無条件かつ確実に真である。すべての人間精神は、この規則を自然のうちに理解し、あたかも自らの光そのものに対するのと同様、この規則に当然のこととして従っている。しかしながら、すべての認識のこうした規則それ自体は、いかなるものからも生じない。この矛盾律を守る命題があるとして、それを構成するに値するのは、やはりこの規則に則って、いかなる矛盾も考えられないような観念だけである。したがって推論におけるこの第一原理というのは、単純な直観（appréhensions simples）の第一原理を前提としているのだ。さて、その原理とは存在である。存在もまた、とても確実なものであり、感覚的経験との接触において、知性によって無条件かつ直接的に理解されるものだ。存在の矛盾律はわれわれに何を教えるのだろうか。それは、存在とは存在するところの何かであり、同時に同じ関係のもと存在しないものであることはできないということである。しかし存在とは何なのか。それこそまさに、アリストテレスがすでに言っていたように、古代より常に論じられ、一度も完全に解決されたことのない問いである。矛盾律は第一原理であると確定しておきながら、形而上学はその使い方をわれわれに教えることに時間を費やさなかった。つまり論理学がこの関心を請け負ったのである。しかし形而上学の固有の主題とは、まさに存在とは何かを探究することだ。ある意味では、この主題を無視した人間など一人もいない。なぜならひとはあらゆるものを存在するものとして考えるし、思考を開始するやいなや、各人は知性のこうした基本的法則に従うからである。存在という観念を使うことは、本当に必要不可欠なことであり、普遍的で不可謬だ。しかし存在の本性をめぐる問いとなると、明確に答えられると主張する者などいるだろうか。われわれは、存在主義（ontologisme）を唱え、かつ同時に、存在主義の誤りを非難しようとすれば、まさに矛盾律を犯すことになる。なぜなら存在主義とは、存在の本性についての誤解以外の何ものでもないからだ。われわれは何よりもまず確信を持って、存在は存在すること、存在は存在する何かであること、存在は存在する何かであって、ほかのものではありえないこと、そして存在を理解することに関してはまったく別の問題だということを知っている。このことは、すでに二十五世紀前から語られてきたし、マルティン・ハイデガーでさえ、この問いに対する回答を、いまだ見つけていないのである。

この点に関してそれほど驚くようなことは何もない。というのも、もしも存在が原理だとするならば、存在を解明するためにそれ以上遡るべき彼方などないからだ。存在を認識するために身を置かねばならないのは、存在のなかにであり、存在の観念のなかにである。存在の観念はまさに無限定であり、ありとあらゆる個別の対象からはみだし、それらを包摂するのであるから、存在を完全に誤解することは不可能である。ひとが〈ある（qu'il est）〉と言うものは、おそらく存在（l'être）ではない。それは、無の場合を除いて、存在するもの（de l'être）である。聖トマスによって何度も描かれた第一原理を求める歩みは、タレス〔古代ギリシア最古の自然哲学者。万物の根源を水と考えた〕やイオニアの〈自然学者〉たちから、最終的には実存の問題にまで進んだ人たちに至るまで、この点に関して形而上学的思索の真の進歩が生まれたことを、十分に示している。各人は自分のために努力を再開せねばならない。現在では多くの案内役のおかげでより簡単にはなっているが、道を踏みはずす可能性は相変わらず十分にある。ある人たちは、なおもタレスの側につく。彼らは〈水（eau）〉と言うかわりに〈エネルギー（Énergie）〉と言う。ほかの人たちは、アナクサゴラスの一味のままだ。ただし彼らは、〈知性〉と言うかわりに〈進化〉と言っている。さらに大胆な人たちは、プラトンやアリストテレスの立場にまで進む。そうして存在は、〈一（Un）〉や〈存在性（Entité）〉、実体（substance）や本質（essence）として立ち現れる。精神が純粋に叡智的なものへと高まれば高まるほど、その光は精神の目をくらませ、精神は躊躇するようになる。それゆえ存在についてのあらゆる形而上学が、存在とは何であるかについて正確に合意しあうことがないといっても驚きはしないはずである。

このことを一度理解したうえで、存在についての形而上学が乱立しているときでさえ、厳密には矛盾しあっているのではないことを理解しておかねばならない。存在についての形而上学が矛盾しあうのは、存在の本性についてより長きにわたって知る形而上学が肯定している真理を、不完全な一部の形而上学が否定するときだけである。存在についての形而上学は、存在に関して肯定する場合は真であり、存在に関して否定する場合においてのみ偽であるとさえ言うことができるだろう。まさにだからこそ存在についてのさまざまな形而上学は、それぞれが身を置いている存在の特殊領域を解明する資格を特別に持っているように見えても、そのうちのいくつかがほかの形而上学よりもより真であるということが起こるのである。なぜならそのような形而上学は、ほかの形而上学が明らかにした存在の特性に正当な評価を与えつつ、さらに、自分だけが知っているおそらく最も重要な何かを知っているからである。真の形而上学とは、人間の認識の限界のなかで存在を、とても確実で無条件かつ不可謬な第一原理として定立する。そして、存在によってまた存在によってのみ、経験に与えられる存在するもののあらゆる性質を、その原因となる現実存在（existence）、および本性に分けながら解明しうると考えるのである。もしもこのような存在の観念が本当にあるとすれば、それを用いる形而上学は、単純にほかの形而上学よりも真であるというだけでなく、絶対的に真であるといえる。

ほかの形而上学が理解したものすべてを、あるいはそれ以上を理解させてくれる形而上学とは、どのようなものであろうか。信仰の知解（intellection de la foi）を求める神学者たちは、自分たちの目的のために存在の形而上学を利用しようとして、そちらへ自然と向き直る。神自身が、自らの名前として、〈存在〉という名を要求したのではなかったか。ほとんど例外なく、あらゆるキリスト教哲学は存在の哲学であり、すべては存在の超越的な特性のうちの一つあるいはいくつかを明るみに出している。このかぎりで、すべてのキリスト教哲学は真なのだ。至福直観そのものは、それがどんなに〈顔と顔を合わせて〉見られたものだとしても段階を認めるものである。分離知性（Intellgences séparées）は、秩序とヒエラルキーを形成している。なぜ、存在の形而上学的知解もまた完全性の段階を認めないようなことがあってよいのか。絶対的な真理の探究は中断されてはならないが、とはいえいかなる点に到達したとしてもその探究は正当化される。複数の光を比較することは、心の平安のうちに行われるのであればそれ自体善であるし他人に対して有益なのである。

偉大なるキリスト教哲学はすべてわれわれに教えるべき何かを有している。誰もがその事実を理解している。自分の師に対してより忠実であろうとして、聖アウグスティヌスを読むことを自らに禁じるようなトマス主義者が一人でもいるだろうか。神は〈ある（Est）〉であるがゆえにその本質とは不変性である。このような神の観念は時間と永遠の弁証法への道を拓いた。その対象となっているのは、生成の流れに押し流され、自らの存在の欠如ゆえに内側から蝕まれ、〈われはあり、そして動きはしない（*Ego sum et non mutor*）〉に激しく同意することによって罪を償おうとする実存としての、人間そのものである。アウグスティヌスの叫びは回想録のあらゆる箇所に現れる。「いつわたしはあなたとしっかり結びつくのでしょうか（*Quando solidabor in te ?*）」。『告白』が着想を得た存在論の真理を否定することは、困難であろう。もしもこれがキリスト教哲学ではなく、真の神学でもないと言うのなら、そんなものはどこを探しても見つからない。

ドゥンス・スコトゥスは別の、より難しい問題を立てた。というのも彼は聖トマス・アクィナスを念頭に置いていたからだ。聖トマスよりも後に登場した彼は、聖トマスに従うことはできないと考えた。実在的なもの（réel）を存在させるために、その実在的なものに付け加わっているこのトマス主義的〈存在（esse）〉とは何なのだろうか。まるで存在するものを、さらに現実に存在させる必要があるかのような言い方ではないか。理解できない、とドゥンス・スコトゥスは言った。実際、スコトゥスにとって、存在とは本質そのものである。「本質が存在なのだから、本質にはこれ以上どんな追加も必要ない（*nullum esse dicit aliquid additum essentiæ*）」。スコトゥス主義者たちもまたこのように考えた。なぜ彼らは対立するのか。本質とは現在の人間の条件において人間知性に最も見合った対象である。聖トマスはそのことを認めていたし、それ自体は本質ではないような、本質の存在のはたらき、この存在（*esse*）をそれ自体で理解することの難しさも認めていた。精神にとってすぐれて満足のいく観念を、提示した本人が理解しにくいと自覚している観念によって置き換えることなど、スコトゥス主義者たちが受け入れられないのも当然である。〔聖トマスの言うとおり〕たしかに理解するのが難しいのは事実である。なぜなら、実在的なものとは、厳密に言えば、本質ではないのだから。それでは本質から出発するとしたら、どうやって〔スコトゥス主義者たちは〕、個体性（individualité）を説明するのだろうか。その答えは有名で、スコトゥス学派はしばしば自分たちの個的なものへの鋭い感覚を自慢する。それは間違っているわけではないが、しかし、このもの性（heccéité）がスコトゥス主義においてそのような〔特殊な〕位置を占めるのは、単に〔スコトゥス主義者たちにとって、個的なもののために〕居場所を見つけてやることが、相当な労力を要するものだったからにすぎない。彼ら自身の存在の観念から出発して個体（individu）を説明することの困難さこそが、スコトゥス主義を個的なものの形而上学にしているのである。これは個体化と個体性を混同している多くのトマス主義者にとって有益な警告である。なぜなら、もしも存在（*esse*）の形而上学が、本質の形而上学よりも個体性をうまく説明しなかったとしたら、それを改善する余地があるはずなのだから。われわれは「各々のものはその存在によってある（*unumquodque est per suum esse*）」（CG. I, 22, 5）ということを知っている。存在（*esse*）は、個体化の原理ではなく、ありとあらゆる個体性の第一のはたらきなのだ。このことは憶えておいたほうがよい。

しかし繰り返しになるが、それでは存在とは何なのか。この問いにスアレスと彼の弟子たちが答えている。それは〈実在的本質（*essentia realis*）〉である、と。したがって彼らはスコトゥス主義のかなり近くに留まっている。ただし、実在的な本質というのは、形而上学固有の対象ではない、と彼らははっきりと言う。形而上学固有の対象とは、むしろ現実性〔現実に存在すること〕を切り離した、存在の観念の完全な無限定性における〈存在するかぎりの存在〉である、と彼らは言うであろう。ここで本質の実象性（réalité）〔実在性の意味ではなく、事象の構成契機、何らかの規定性〕〔とスアレスが言っているもの〕は、〔聖トマスにおける〕本質の現実態（actualié）あるいは現実存在（existence）と同じものにはならない。〔スアレスにおける〕本質の実象性は、可能的なものに対立しない。〔スアレスの〕実象的なものは、現実態として存在するものであると同時に可能的なものでもありうるのだ。このように理解された形而上学の対象は、現実に存在するということから抽象されてしまった存在なのである。形而上学的な存在は、それが現実に存在しようがしまいが同じものなのだ。

　これはトマス主義の対極である。にもかかわらず、何度、聖トマスはスアレス的な仕方で解釈されてきたことか。聖トマスの形而上学が、存在を実在的なもの（réel）と可能的なもの（possible）に分け、あたかも可能態（puissance）が、現実態（actualité）に劣らぬ何かであるかのごとく、可能態にある存在（être en puissance）を現実態にある存在（être en acte）と対立させんというものである。だがこれ以上論争しても無駄であろう。議論を試みた人たちはそのことをよく知っている。というのもスアレス主義者たちにもまた言い分があるからだ。スアレス主義者たちは、判明な観念を形成するのがきわめて難しい、この存在（*esse*）を信用していないのである。存在する被造物がわれわれの知性に対して知の対象となることができるのは、本質としてもっぱら本質としてだけである、とスアレス主義の哲学者たちは言う[2]。〔しかし〕、現実に存在していないとしても、存在しているようなものとして理解される被造物についての知とは、なんと奇妙な知であろうか！　ただし、このような幻想でさえ役に立つことはある。たとえば再発見されたばかりのトマス主義的な存在（*esse*）の観念に熱狂し、トマス主義を現代の実存主義に変えてしまう危険を冒してでも、本質を存在に捧げようという考えを持った人たちがいるが、本質なしでは、神以外のいかなる存在もありえないのだ。本質とは、有限な存在が現実に存在するための可能性の条件そのものである。神の〈観念〉の栄光を写し取った似姿、本質というこの可知性のための純粋なダイヤモンドは、われわれにとって存在するものの実象性そのものでありつづけるはずだ。それゆえに、本質を現実存在から切り離す必要はない。現実存在との関係なしに、可能的なもの自体は何ものでもないのだから。

トマス主義の十全な真理が眼前にはっきりと現れるためには、次のような問いが立てられる必要がある。ほかのキリスト教哲学が理解するような存在の特徴のうちで、トマス主義形而上学が説明を与えていないようなものが一つでもあるのか、という問いである。ない、と答えるのであれば、続いて二つ目の問いを立てることになろう。〈存在するかぎりの存在〉のあらゆる特性について、トマス主義の理論と同じくらい完全に説明を行った理論がほかにあるだろうか、という問いだ。今回もまた、ない、と答えるとしたら、聖トマス・アクィナスのキリスト教形而上学は、その対象である存在について真理そのものを語っていると結論づけなければならない。なぜなら存在について、なるほどたしかに存在のすべてではないが、人間知性がこの世で知りうるかぎりのすべてを語るということは、まさに知性と事物の一致を実現させるということだからだ。そこに真理がある。その彼方に遡ることはできないであろう。

原註

（1）L. Œing-Hanhoff. *Ens et Unum convertuntur...*, Münster i. W., Aschendorf, 1953, p. 3.

（2）P. Descoqs, S. J., Institutiones metaphysicæ generalis. *Éléments d'ontologie*, Paris, G. Beauchesne, 1925, t. I, p. 100-101.

第六章　根本的真理

La vérité fondamentale

〔アリストテレスの〕『形而上学』第二巻に語られるように、われわれの知性が最も可知的なものに対する関係は、フクロウの目が太陽に対する関係に等しい（CG. I, 11, 2）。

思考だけを前提にして哲学を行うことへの誘惑を免れられる哲学者はほとんどいない。まさにそのような誘惑に全面的に屈することで、フィヒテ〔一七六二～一八一四年。ドイツの哲学者。自我の絶対的自由を強調する観念論を展開した〕はかの有名な驚くべき巨大建造物〔『全知識学の基礎』〕を打ち立てたのである。キリスト教哲学者のなかでそこまで突き進んでしまう者はいなかった。ただし彼らのうちの多くの者は、そのままでは論証の対象とはならない第一の真理を考慮するよう、そして可能なら直視するように求められたとき不満を隠さなかった。だからこそ彼らは、有限なものにおける本質と現実存在の結合という考え方をキリスト教哲学の根本的真理として支持しておきながら、それを恣意的な断定のままにしておく考えには我慢できず、それを証明しようと試みたのである。

まず曖昧さを避けるべく、有限なものにおける本質と存在の区別（あるいは結合）は、いくつかの条件のもとで証明可能であることを述べておこう。ただしその本性についての理解こそが最も重要である。

『存在と本質』に費やされた〔ロラン＝ゴスランの〕見事な研究[1]は、その主要な議論パターンを、三つに還元している。聖トマスはこれによって諸学派のあいだに有名な区別を打ち立てたのである。

一つ目は、『存在と本質について』第四章においてはっきりと示されている。その起源はたしかにアヴィセンナにあるのだが、しかし聖トマスはこれをオーヴェルニュのギヨーム〔一一八〇年頃～一二四九年。パリ大学で活躍した神学者〕の著作から読み取ることができた。「本質ないし何性（quiddité）の観念に属さないものはすべて、本質の外部から生じ、この本質と結合することになる。なぜなら、本質の一部をなすものなしに理解しうる本質は一つもないからだ。さて、あらゆる本質ないし何性は、その現実存在を考慮されずとも理解されうる。実際わたしは、人間とは何であるか、または不死鳥とは何であるかを理解できるが、それらが自然のなかで現実に存在するのかどうかについては無視できるのだ。したがって存在が、本質ないし何性とは別のものであることは明らかである」。

この議論には反駁しようがない。だがこれは何を証明しているのだろうか。まずは、現実的に存在すること（être actuel）が、本質の観念のなかには含まれないということである。ずっと後になってカントが述べたように、千ターレル銀貨の観念においては、単に可能的なターレル銀貨であろうと、現実のターレル銀貨であろうと、ターレル銀貨の観念そのものは同じなのだ。続いて、聖トマスがはっきり述べているように、この議論は、「存在は本質ないし何性とは別のものである（*quod esse est aliud ab essentia vel quidditate*）」ことを証明している。ある本質が可能態から存在へと移行するためには、何らかの外的原因が、本質に、現実態にある現実存在（existence actuelle）を加えるのでなければならない。この帰結の正しさについて、キリスト教神学者ないし哲学者が疑義を呈したことは一度もない。

有限な存在は、自分自身が現実に存在することの原因ではないのだから、上位の原因つまり神によって現実存在を保持せざるをえないのである。この意味で、本質と存在の区別と呼ばれるものは、端的にあらゆる有限な存在とは創造された存在であることを意味している。さて、すべての神学者はこのことを認めるのであるが、しかしその多くの者はそこから、有限な存在とは、二つの形而上学的要素、すなわちその本質と、存在のはたらき（acte d'être）――そのおかげで現実に存在することができる――とによって成立していると結論することには反対する。有限な存在は自らの本質のうちに自分が存在する理由を持たないと述べること――これはすべて、オーヴェルニュのギヨームや聖トマスがふたたび取り上げたところのアヴィセンナの弁証法的な議論が証明したことである――と、「それだけでなく」有限な存在において、現実存在とは、まさしく現実態にある存在者の原因たる存在のはたらき（*actus essendi*）から生じるのだと述べること、この二つはまったく別のことなのだ。後者の主張は以上のような議論からは生じることがない。

これはきわめて重要な省察のテーマである。幾人もの卓越した哲学者や神学者たちが、この根本的な主張の真意に少しも気づかないまま、自らの一生をトマス主義理論の研究や教授に捧げてきた。彼らはそれを、すべての有限な存在は偶然に創造されたものであると言うための、ほかの学派に比べて少しばかり難解な表現としか考えなかった。もしも本当にそれだけのことでしかないのなら、神学者は全員例外なく、本質と現実存在の区別を説いていることになる。これが事実でないのは言うまでもない。

二つ目の議論グループに移ろう。彼らの共通図式は次のように言われている。「そこにおいては本質と現実存在が区別されないような存在、その本質そのものが現実に存在することであるような存在は必然的に唯一である。というのも、そのような存在が複数あるとしたら、分化されているのでなければならないが、存在はいかなる仕方によっても分化することができないからだ。したがって、創造されて存在するすべてのものにおいては、存在は本質から区別される[2]」。

ここでもまた議論には反駁の余地がない。そしてこの二つ目の論では、まさに本質と現実存在の区別という真理に対して根拠を与えるに至っている。これはたしかに、神学者たちに好まれた王道の手法である。というのも、もしも神とは存在の純粋なはたらき（acte pur d'être）なのだとしたら、神以外のいかなるものもそのようなものではありえないからだ。この称号を要求するものは、〈純粋存在そのもの（*ipsum purum esse*）〉であろう。それは神のことであるはずだ。このようなわけで、自分たちの議論に耳を傾けず、有限なものにおける本質と現実存在の区別を拒絶する人たちに対して、多くのトマス主義神学者たちは、とかく汎神論として非難する。彼らはうまい方法を使っている。なぜなら彼らの証明が決定的なものになるためには、まず神にとって、〈存在（l'Être）〉とは、その本質が存在することとそのものである、存在する（*esse*）という純粋なはたらきであることを確定しておかねばならないからだ。この議論の価値は、それゆえ完全に神の何らかの観念の価値次第なのである。その実際の価値がどのようなものであれ、多くの神学者たちは、そのうちの何人かは聖人であるが、そのような神の観念の価値のことなど一度も考えたことがない。

三つ目のグループにおける証明は、「創造された存在の本性から捉えられ、これらの結論を強化するものである[3]」。歴史家［ロラン＝ゴスラン］は、見事な精緻さで、その要約をわれわれに与えてくれる。定義上、ほかのものによって引き起こされたものであるところの「創造された存在は、その本質が現実に存在することであるところの存在が必然的に存続するのとは異なり、自らによって存続することは決してできない。他方、創造された存在が結果であるという特性を持っているのは、存在そのもののためではない。もしも存在そのもののためだったなら、すべての存在は、本質からして結果であることになる。そうなると第一原因たるものはなくなってしまうだろう。したがって、創造された存在が結果であるという特性を持っているのは、その基体が自らの存在とは区別されるからである[4]」。

これらの証明がぶつかる根本的な困難をこれ以上明晰に示してくれるものはない。創造された存在は存在そのものにとって本質的ではないのだから、創造された存在が結果であるという特性を持っているのは基体が存在とは区別されているためである、というこの証明は、これから証明するはずの結論をあらかじめ前提にしてしまっているのである。というのも要するに、議論の前提を認めてしまうのであれば、こうした前提からどうやって、創造された存在が現実的にその存在から区別されるという結論を導き出すことができるというのか、という問題が生まれてしまうからである。さて、問われているのはまさしくこのことなのであり、それ以外ではない。すべての神学者は、創造された存在が定義上その現実存在と同じものではないことには同意するだろう。創造された存在は、その現実存在そのものではない。なぜなら、まさに創造されたものであるがゆえに、創造された存在というのは存在するために現実存在を受け取らねばならないからである。ただし、他方、創造された本質からすれば、存在するためには、神がその本質を現実に存在させる、厳密に言えば創造するだけで十分である。神は本質から実在的に区別された存在（*esse*）のはたらきを授けることなしに、有限な存在を創造することはできない。このことはおそらく真である。しかし、たとえこのことが証明可能であると想定したとしても、〔この三つ目の〕議論は〔実際に〕証明しているわけではない。

これらの論拠、そして同じ種類の論拠はすべて、存在するもの（*ens, habens esse*, ce qui est）ではなく、存在のはたらき（acte d'être（*esse*））の意味で捉えられた存在の観念がすでに理解されていることを想定するという共通点を持っている。存在のはたらきは本質と結合して、本質をまさに存在するもの、存在を持つもの（*habens esse*）に変えるのである。さて、このようなトマス主義に特有な存在（*esse*）の観念を理解した瞬間から、困難な問題は消滅し、もはや証明するべきものは何もなくなるのである。

このことについては、さまざまな解釈者たちが一連の証拠として引用している聖トマスのテクストそのものを参照することによって理解できるだろう。そこでは二つのことが顕著に現れる。まずは、先のように解された〈純粋な存在の観念（*ipsum purum esse*）〉は、どこでも認められたものとして与えられていること。次に、そのような存在の観念が認められるのは、もっぱらその存在の観念が、神学者にとって神の固有名だからである。純粋な存在（*esse*）を考えることは神を思うことなのだ。『対異教徒論駁大全』で推し進められた弁証法は、聖トマスをして、「神においては、存在と本質とは同じものである」（I, 22）ことを確立させるに至った。つまり聖トマスは、すでに存在と本質を区別する可能性を理解していたのである。さて、もしも彼がこの区別を理解していたとすれば、問いはすでに答えを受け取っていることになる。聖トマスは、ここで神の単純性を確立することに尽力しているため、神について、考えられうるありとあらゆる区別を否定しなければならない。これこそ、聖トマスが、アヴィセンナと同様、必然的存在（第三の道（*tertia via*））があるとしたらこの必然的存在はそれ自体で現実存在していると証明するときに語っていることなのである。さて、もしもこの必然的存在がその存在とは区別された本質を持っているとしたら、必然的存在はそれ自体で現実に存在してはいないことになるだろう。なぜならこの場合、存在は本質に属し、本質に依存することになるはずだからだ（ST. I, 22, 2）。もっと簡潔に言うならば、そしてできるだけ簡潔に言うならば、次のようになろう。「それぞれのものは己の存在によって存在している。その存在ではないものは、それゆえそれ自体で必然的に存在しているわけではない。さて、神はそれ自体で必然的な存在である。したがって神とはその存在そのもののことである」（ST. I, 22, 5）。

これ以上この道を進むことはできない。というのも、この後に実行すべき操作は一つしか残されていないからだ。しかもそれが可能だとすれば、である。それは、必然的存在（*necesse esse*）の必然性とは、まさに聖トマスが〈存在そのもの（*ipsum esse*）〉、本質の彼方にある、存在の純粋なはたらきと名づけたものの必然性であることを確立することであろう。本質は、唯一、神の場合にかぎり、この存在のはたらきによって食い尽くされてしまうのである。さて、きわめて多くの神学者たちが、この観念を前にして躊躇してきたこと、あるいはその正しさに異議すら唱えてきたことは、十分に知っておく必要がある。聖トマス自身は、いかなる箇所においても、証明という手段を使ってこの観念を正当化したことはない（われわれが知っているかぎりでは）。たしかに、聖トマスは次のように言っていることもある。「もしも神の本質が、神の存在（*esse*）とは別のものだとすれば、本質と存在は、可能態と現実態の関係にあるという結果になる。さてわれわれは、神においては、いかなるものも可能態にはないこと、神は純粋な現実態であることを示した。したがって神の本質は神の存在とは別のものである」(ST. I, 22, 7)、と。このことは否定できない。しかし、存在を本質の現実態として考えるかわりに、存在を現実態にある本質そのものとして端的に考えたとしても、結論は同じことになるはずだ。後者のような神の観念であれば、考えられないどころか、聖トマスより以前であれ以後であれ、聖トマスのものとは異なる存在の形而上学を辿ったすべての神学者たちにとってさえ、共通のものであると思われる。

聖アウグスティヌスは、本質の観点以外から神を理解することはなかった。アウグスティヌスは、「出エジプト記」における「われはある (*Ego sum*)」に註釈を施したとき、その意味を次のようにはっきりと明示している。「実際、神は至高の本質であるため、すなわち神は至高に存在し、それゆえに不変であるため、神は、自分が無から創造したものに対して、存在を与えたのである。しかし神はそれらに対し、自分自身が存在するのと同じように、至高の存在を与えたわけではない。神は、一部のものにより多くの存在を、ほかのものにはより少ない存在を与えた。かくして神は自然にあるあらゆるものを、それらの本質の度合いに即して秩序づけたのだ[5]」。

これがまさに神の観念である。これについて考え違いをすることはありえない。有限な本質は、存在の度合いに即して並べられる。その頂点には至高の本質がある。この至高の本質は、ほかの何かと比べてより多く存在したり、より少なく存在したりすることはない。純粋かつ単純に、至高の本質なのである。最も完全なる本質であるがゆえに、至高の本質は、何かを得たり失ったりすることはない。本質の次元におけるその至上性の証となるのが不変性である。聖アウグスティヌス自身の言葉そのものを吟味し、「出エジプト記」第三章第十四節のなかで、神が天使を通じてモーセに語ったことをいっそう理解する努力をせねばならない。「というのも神は至高の本質、つまり至高の仕方であり、したがって不変なものであるのだから……（*Cum enim Deus summa essentia sit, hoc est summe sit, et ideo immutabilis sit...*）」。これに対して聖トマスは否定するどころか、反対に、これらの言葉のうちに、「諸事物のうちに見いだされる度に基づいて（*ex gradibus quæ in rebus inveniuntur*）」という神の存在証明の第四の道の出発点を見てとっている。それはとてもよくできており、知性はここで立ち止まることもできる。しかし、トマスはさらにもう一歩踏み出す。〈存在（Être）〉と名づけられたこの〈至高の本質（*summa essentia*）〉にさらに踏み込み、トマスは「この神の本質はその存在そのものである（*et hæc Dei essentia est ipsum suum esse*）」と付け加えるのである。とても正確に、神は至高の本質であることをトマスは無条件に認める。彼はただ、神が有している本質とはもっぱらその存在だけだと付け加えることによって精緻化するのである。「したがって神は自らの存在でないような本質を持つことはない（*Deus igitur non habet essentiam quæ non sit suum esse*）」（CG. I, 22, 2）。まさにこの瞬間にこそ、われわれはアウグスティヌスの神学を超え、トマス・アクィナスの神学へ入っていく。この移行は、本質の彼方にある現実態としての存在の観念、あるいはこう言ってよければ、その本質性全体が存在することであるような本質の観念を、われわれがすでに、あるいはその瞬間に、理解したことを前提にしている。アウグスティヌスは、こうしたことを考えたことがなかった。ヨハネス・ダマスケヌスや、アオスタのアンセルムスも考えたことはなかった。トマス・アクィナスの警告を受けたヨハネス・ドゥンス・スコトゥスは、ヨハネス・ダマスケヌスの精神に従って、神の無限性の観念から導き出される数多くの詳しい説明を付け加えたものの、聖アウグスティヌスによって拓かれた道に満足してしまった。

ドゥンス・スコトゥスにとっては、無限な存在（*ens infinitum*）というものが、われわれの神学の固有の対象である。その真偽に関して躊躇する余地はない。なぜなら、スコトゥスもまた、当然ながら「出エジプト記」の「われはある（*Ego sum*）」に註釈を行ってはいるが、彼がそれを解釈するために参照するのは、トマス主義の存在（*esse*）ではなく、まさにアウグスティヌス主義の本質（*essentia*）だったからだ。神が本質であるというだけではない。本質であるのは、おそらく神以外いないというのである。神は、〈実在的存在性、ないし事物の本性に基づく存在性、つまり現実的現実存在における存在性（*entitas realis, sive ex natura rei, et hoc in existentia actuali*）〉である。あるいはアウグスティヌス自身の用語に従うならば、存在は最も真の、そして厳密な神の特性なのだから、神とは〈最も真なる本質[6]（*verissime dicitur essentia*）〉なのだと言おう。かくしてわれわれは、同じ問題に戻ってくる。「出エジプト記」の言葉を解釈するために、聖トマスは、それ以前までは存在の平面そのものにおいて、単純な観念として理解されていた、存在するもの（*ens*）という観念を超え、本質（*essentia*）と存在（*esse*）という二つの異なる観念へと分解し、ついにはこれら二つの観念について、片方が、すなわち存在（*esse*）の観念が存在者そのものの内奥であり、他方にとっての至高な完全性と現実態を意味していることを明確にしなければならないと主張した。それは、どこで、いつ、いかにしてだったのか、というのが問題である。聖トマスがこの敷居を跨ぎ越えたことは明白である。われわれが問うているのは単純なことで、いかにして彼がこの主張を正当化してみせたのかということなのだ。まさにこの点がわからないのである。もしも聖トマスがその証明を〔実際に〕提出したのだとしても、ドゥンス・スコトゥスもスアレスもそれを理解しなかった。あるいはその証明に納得しなかった。だからといって彼らが凡庸な形而上学者だったというわけではないが。

証明に近い唯一の推論といえば、被造物の偶然性から出発した推論である。もしも、有限なものにおいて本質が存在とは別のものであるとしたら、神が単純なものであるためには、神において存在と本質は必然的に一致しているのでなければならない。しかしすでに見たように、有限なものは非‐必然的なのだから、有限なものにおいて本質と存在が必ずしも現実的に結合しているわけではない。このことは、大部分の神学者たちが言うように、その本質が自ずからして純粋に可能態にあるような有限な実体にとって、現実的〔現実態にある〕現実存在(existence actuelle)とは、偶然的なものである、と述べることによっても、同じように正確に説明することができるだろう。有限なものは、それ自体では自らの現実存在を保有していない。有限なものが存在するためには、必然的な存在、すなわち神からこの現実存在を受け取らねばならないのである。けれどもだからといってこれが決定的な証明に該当するわけではない。このような推論が、有限なものに現実的現実存在を与えるためには、神は、有限なもののなかに、存在のはたらき——本質からは区別され、本質とともに存在者(*ens*)すなわち存在を持つものを形成するようなはたらき——を伴った本質を具現化しなければならないことを証明しているわけでは決してない。

そのような証明となるものを見つけるのは難しい。なぜならそれは、聖トマスがそのことを語らなかったからではなくて、彼がそのことを語るときには、存在のはたらきを何らかの本質によって制限するのでなければ、このはたらきは存在の純粋なはたらきであり、無限であり、神であろう(CG. I, 43, 5)、というように語るのが常だったからである。したがってここでは一切が、神についてのトマス主義的観念にかかっているわけだ。「われわれは、神とは自らの存続する存在（son être subsistant）であることを示した（I, 22）。それゆえ神以外のいかなるものも、自らの存在ではありえない。神以外のありとあらゆる実体においては、実体そのものは、自らの存在とは別のものでなければならない」（CG. II, 52, 2）。これは、もしも神の本質とは自らの存在のことなのだとしたら、残りのすべては必然的に、存在と、この存在とは異なる何らかの本質とが結合したものである、と述べることと同じなのである。もしも神とは存在の純粋なはたらきであることが真に証明されるのなら、これほどわかりやすいことはない。さて、すでに見たように、すぐれた神学者たちは、このような真理を聖書のテクストのなかには読み取らなかったか、あるいはこの真理は聖書のなかにあると予告されたにもかかわらず、この真理を聖書のなかに認めるという決心ができなかった。神学者たちが聖書のなかにこの真理を認めなかったのは、単に、彼らがこのような真理を精神のなかに抱いていなかったからである。

われわれはどうやら、こうして一種の弁証法〔的対立〕に囚われてしまったようだ。この弁証法における二つの項〔本質と存在〕は、永続的にお互いを排除しあう。神とは、純粋な存在〔するというはたらき〕である。なぜなら、もしも本質が存在から区別されて神のうちにあるとしたら、神は有限な存在になってしまい神ではなくなるだろう。反対に言えば、もしも神の本質（*essentia*）が神の存在（*esse*）と同じものであったなら、神の存在は無限であり、神であると言えるはずだから、有限な存在の本質のほうは、その存在とは別のものである。この難しさの外的な証には事欠かないので、そのうちの一つに言及すれば十分であろう。それは、存在のトマス主義的観念が、神学上の他学派――こちらは当然だとしても——のみならず、聖トマス・アクィナスの名前を掲げている学派からでさえ、きわめて広範な反発に見舞われたことである。これは控えめに言っても奇妙なことなのだが、しかし事実なのである。

この困難を前にして採られるあらゆる態度のうち最悪なのは、このような困難があることを否定したり、あるいは煩わしい考えであるかのように精神から追い出してしまうことである。教会は、自分たちの神学的教えの規範としてトマス主義を奨励している。この理論が結局のところ循環論法の上に成立しているのだとしたら、教会はどうしてこのような選択を行ったというのだろうか。これは哲学ではなくて神学なのだから〔この問題をそこまで論理的に考える必要はない〕、というような反論を行ってはならない。なぜなら、それは真ではあるけれども、それでは困難を取り除くことはできないからだ。聖トマスの神学はスコラ神学である。その対象は、神自身の言葉によって認識される神なのだから、聖トマスの神学は、その知解を追究するのである。神を知解するためには、哲学の有する資源を活用せざるをえない。主人というものは、自分の役に立たせるため、自らが使用する召使たちを組織する術を心得ていなければならない。ただし、主人が彼らから期待するような奉仕を得るためには、この召使たちがきちんと実在し、存在している必要がある。アヴェロエスがかつてアヴィセンナを非難したように——ただしこれについてはきわめて不当な非難だった——、もしも神学者が偽装された神学でしかないような哲学を活用していたのなら、神学者は他人を欺くよりも先に自分自身を欺くことになって誤りを犯してしまうことになるだろう。

実はこれほど頻繁にスコラ主義に対して向けられた反論はほかにない。哲学によって神の言葉を台無しにしてしまうこと、そして理性が保証しない啓示への信仰によって哲学を台無しにしてしまうこと、これが、一方では真正なルター主義が、他方では哲学的合理主義が、スコラ主義を絶えず非難してきた点であり、また今なお非難しつづけている点である。この疑念を拭うための、〈キリスト教哲学〉を表明するという幾人かのキリスト教哲学者による粘り強い努力は、信仰でも理性でもないような雑種の思想を、自分たちのものだと思われたくないという思いにこそ由来する。そのような雑種の思想は、信仰の超自然的な超越性を犯さないようにしようと配慮しつづけている人たちにとってと同様、理性の無条件の尊重ゆえに非合理的なもの、あるいは彼らにとっては同じことではあるが、合理性を超える何らかのものとの一切の妥協に反対する人たちにとっても、等しく軽蔑すべきものなのである。

キリスト教的な思弁的思索を不毛なものにしてしまった最悪な論争を知っておいたほうがよい。ただしそこに留まってはいけないが。なぜならまずこの論争は、ときには必要なものだったとはいえ、それ自体は思想として劣った形態のものでしかなかったがゆえに沈静化してしまったからである。しかし何よりも、真理――この真理なしにはまさに聾の人間に語りかけているようなものだ――を精神に受け取らせるよう仕向けることが、真理のために語る人間のうち、誰にもできなかったからである。しかし自分自身に語りかけること、自分の精神を真なるものへと開くこと、そして先入観にわれわれが屈したという非難に対して、人々がわれわれを非難しているところの先入観や、われわれを非難している人々が知らず知らずのうちに染まっている先入観からは、われわれは何一つ受け取っていないという確固たる決意をもって反論するのは賢明なことである。要するに、理性に反するあらゆる誤りというものが、真理の本当の証人であると自称したり、その使用を独占していると自負する〔われわれキリスト教哲学者たちのような〕人たちの側にある、というのは必ずしもア・プリオリに確実なことではないのだ。まさに自分たちの論争相手のうちの幾人かによる根拠のない要求に譲歩したがゆえに、あまりにも多くのスコラ学者たちは哲学的認識の真の本性を忘れてしまったのである。しかしながら、完全な独立のもとに、理性の十全な使用を体現していたのは、スコラ学者たちだったのであり、彼らを非難する者たちのほうではなかったのである。

われわれは、二つの叡智を意のままに有していると強く自覚していて、それらの持つ領域のどちらが正しいかを判定することはとても簡単だと思っている現代のスコラ哲学者の態度についても、あまり称讃できない。彼らのうち次のように述べる者もいる。「叡智、あるいは完全なる知は二重になっている。一つは、信仰と神の啓示の超自然的な光に照らされて進められるものであり、もう一つは自然的理性の光に照らされて進められるものである。後者は哲学であり、前者はキリスト教神学、すなわちその根本においてその一連の原理からして超自然的な知（science surnaturelle）である。それゆえ哲学とは、次のように定義づけされるだろう。理性の自然的な力に照らされて進められる、さまざまな究極原因（causes ultimes）の認識である、と[7]」。

こうした言葉は完全に真であり聖トマスの教えにも適合している。形式上の区別の次元に留まるかぎりは、いかなる困難も生じない。反対にもしもこれら二つの叡智が、ある一人の人間において、一つの精神のなかで、共存し協力しあうことはないとまで言ってしまうと不明瞭な点が増えていく。原理において超自然的な知であるところの神学が教えるものについて、哲学は何も語る必要はないのだろうか。そして自然的理性の光に照らされて進められる哲学が教えるものについて、神学は何一つ考えないのだろうか。少なくとも聖トマスは確実にそれとは反対のことを主張している。なぜなら、聖トマスがこの二つの光の、そして二つの叡智の形式上の区別をあれほど頑なに維持したのは、その二つが混同されることなく、けれども余計な気遣いなく心の底からもっと協力しあうことができるようにするためにほかならない。聖トマスは、理性の自然的な光が啓示された真理の最奥に秘められた部分にまで浸透することを望んでいた。それは啓示された真理から信仰や神秘を追放するためではなく、信仰や神秘の対象を画定するためだったのである。哲学者の言語では表現できないような実体変化の神秘にまで及ぶわけではないが、その関係は逆向きにもまた打ち立てられる。というのも、聖トマスの神学は、聖トマスの哲学に対して査察権を持っており、聖トマスの神学は、哲学自体が最も大きな恩恵を蒙るよう、自らの哲学を実行させるのを欠かさないからである。これと反対のことを主張する人たちは誤りを犯す。そして彼らが護教的な動機のためにそれを行うとしたら、その目論見は間違っている。なぜなら真理以外の有効な護教論などないからだ。

この点について最も注目すべきことは、人々が、一度も現実に存在したことがないような哲学上の観念による要請を満たすために、啓示と理性を分離したがることである。内容のない理性の空虚な形式に則って哲学を行った哲学者など誰一人いない。無を考えるのと、何も考えないことはまったくもって同じことである。思考によって、プラトンからプロティノス〔二〇五年頃〜二七〇年。新プラトン主義を代表する古代末期の哲学者〕に至るギリシアの偉大な哲学から厳密な意味で宗教的なものの一切を取り除くとしたら、またはデカルト、マルブランシュ、ライプニッツ、そしてカントや彼の後継者たちの哲学的思索から、厳密な意味でキリスト教的なものを取り除くとしたら、これらの理論が現実に存在したことは理解不能になってしまう。これらの理論を〈理性の限界の内部に〉留まらせておくために宗教そのものは必要なのである。この観点からすれば、コント〔一七九八〜一八五七年。フランスの社会学者、哲学者、数学者〕の重要性とは、神学は死んだと表明し、神学の超越的な神は時代遅れのものと化したと語ったにもかかわらず、その教義が科学から取り出されるであろうような哲学を構成するために、その諸原理を科学の外部に探さねばならなかったことにある。そうした諸原理を発見するためにこそ、コントは新しい宗教を作り出し、キリスト教の神に代えて、自らの教会と僧侶と教皇を伴った、大いなる物神（Grand Fétiche）を置いた。初期からの〈実証主義者たち〉は、理論の逸脱だと言って憤慨したが、コントは彼らよりも、実証主義とは何かということをよく理解していた。言葉のうえでは科学が対象であるような弁証法だと今日では要約されるものの、彼らにとっては科学そのものさえも理解不能となるようなその〈絶対的実証主義（positivisme absolu）〉が辿った悲惨な歴史を見ればわかるように、コントの弟子たちは実証主義とは何かということについて何も理解していなかった。というのもあらゆる叡智は、そうした叡智のうちの最も高位のものから到来するからであり、もしも宗教を除去してしまったら、宗教とともに形而上学も滅びてしまい、形而上学とともに今度は哲学が滅んでしまうからである。新スコラ主義はこの害悪から無傷ではない。非 - キリスト教的なものであろうとする新スコラ主義の場合、すぐさま抽象的な形式主義に堕してしまった。そのどんよりとした倦怠はそれを作り出した人たちにとってしか我慢できるものではない。なぜなら他人を退屈させること自体は必ずしも退屈ではないからだ。われわれはときおり心配になって、どうしてこのような哲学〔新スコラ哲学〕が、植物のように無気力なのかと自問する。

この哲学がそうなっている理由は、対象を欠いた形而上学に自ら縛られているからである。

形而上学の対象とは、第一原理の光のもとで拓かれたかぎりでの存在の観念なのだなどと述べることは、二重の意味で誤りを犯すことである。まず形而上学は、物理学が生成状態にある存在の観念を対象にしているのではないのと同じように、〈存在するかぎりの存在（être en tant qu'être）〉の観念を対象としているのではない。それはこれらの科学を、論理学に変形してしまうことである。物理学は〈生成する存在〉そのもの、形而上学は〈存在するかぎりの存在〉そのものを対象にしているのだ。われわれは存在そのものについて大いに語るのであって、単に存在の概念について語っているのではない。〈存在するかぎりの存在〉の概念について、語るべきことは何もない。〈存在するかぎりの存在〉については、語るべきことしかない。それゆえに、〈存在するかぎりの存在〉には何よりも先に到達せねばならないし、たとえ理解することはできないとしても、少なくともそれに触れるのでなければならない。そして、対象を欠いた字句拘泥に陥らぬよう、〈存在するかぎりの存在〉との接触を決して失わないようにしなくてはならない。

弁証家が享受する簡単さというものは、彼らの〔陥りやすい〕危険性のうち最大のものである。存在や実体や原因の名目上の定義から出発して、そこから第一原理の助けを借りつつ一連の結果を演繹すること、こうしたことは、簡単とは言えずとも、少なくともいつでも首尾よく行うことができる。そのうちの幾人かは、称讃せずにはおれないような見事な名人芸でこうしたことを行う。しかし、彼らはそれによってありうべき形而上学の抽象的な青写真しか手に入れることができない。よくてもせいぜい、その形而上学を一目で見渡すことができるような一種の全体図として描かれた青写真を、後になってから思い浮かべる楽しみを享受するくらいのことである。しかしながらこのときには、そのような形而上学は死んでいるのであり、それは当初取りかかったものではないはずだ。そこから、〈展示〉の方法と、発明の方法との致命的な軋轢《あつれき》が生じてしまう。なぜなら、展示する人たちが、発明する人たちであることは本当にめったにないからであり、あるいはそれが同じ人だったとしても、彼らは発明した技術をわれわれに対して隠しながら提示するからである。その結果、彼らの歩調に合わせてみても、それを学ぶための唯一の方法をどうやって再‐発明（ré-inventer）すればよいのかわれわれ自身わからなくなってしまう。それゆえこのような問題を抱えた教育のなかで、学生たちは理解しないまま学び、そのうちの何名かが自分の哲学的素質に関して自信を失ってしまう様子を目にすることになるのである。その場合、哲学的素質の最もすぐれた証といっても、彼らが少なくとも何も理解していないことを理解しているということ〔でしかない〕。

こうした慣習が、特によくない仕方で現れるのは、アリストテレスの哲学を引き合いに出し、そのアリストテレスの健全な経験論を自分自身の同時代の観念論と対比させるような教師においてである。経験のすべてへと向かうことを公言しておきながら、その原理が知のまとまり全体をコントロールしているような、経験の形而上学へと向きを変えることは矛盾している。とはいえ〔そういった〕アリストテレスの著作は現にあるのだし、もしも彼の作品が形成された仕方に関心がないとしても、その著者たるアリストテレスによって繰り返された表明は十分に危険性を告げているはずだ。判断の絶対的な第一規則たる、無矛盾律および排中律について語るとき、アリストテレスは、各々の学者は自分自身の知（science）の限界内において、この規則を有効なものとして使用しているのだと指摘する（『分析論後書』第一巻第十一章七十七a二十二～二十五）。現実の認識に関していえば、われわれは、原理から出発して考えるのではなく、原理と一致するように、原理の光のもとで、現実について考えるのだ。

もしもわれわれがアリストテレスの方法に従わず、とりわけその意味を誤解してしまうなら、彼の方法を褒め称えることは何の役にも立たない。『分析論後書』の最後の章は、この観点から考えて、このうえなく重要である。アリストテレスはそこで原理の認識について語っている。原理が先天的なものであるという仮定はばかげている。というのも、もしも原理が先天的なものであったなら、われわれはありとあらゆる証明よりも確実な認識を、それと知らずに持っているはずだからだ。そういうわけでわれわれは自分のうちに、その原理を形成しうるのだが、そのためにはこうした原理を獲得させてくれる能力が必要である。

この能力とは何か。こうした問題を解くための条件を満たすには、「この能力が、原理の認識そのものよりも、確実に上位にある」のでなければならない、とアリストテレスは言う（『分析論後書』第二巻第十九章九十九b三十一～三十四）。この言葉には註釈が加えられ、実際に述べたことよりも少ないことを言わされてしまった。だがそれは間違っている。なぜならば、アリストテレスの理論における能動知性（intellect agent）をどのような仕方で理解しようとも、たとえ無限定な光、まるでそれがどのような知性的な把握をもたらすかということには無関心であるかのような光の身分に還元されてしまったとしても、『分析論後書』の言葉は、この光が認識させるところの原理の光よりも、いっそう高位の次元に属しなおいっそう高い確実性を帯びている、ということを表しているからである。聖トマス自身がこれについて考えたことを明確な言語で述べるのは簡単ではないが、まさにわれわれにとって、純粋に知性的なものを前にした慎ましさ以外の何ものでもないような、理解しないままでいる態度に慣れるときが来たのだ。すべてを理解するような人間は、理解しているものについて間違った理解をしている危険性や、理解していないものがあると考えようとすらしないという危険性が大いにある。

原理の起源を取り囲む厚い雲は原理の本性を部分的に隠すものとまさに同じである。トマス主義的認識論においては、能動知性が、感覚的経験から出発し、抽象化という方法を通じて、直接的に原理を理解する、ということにわれわれは同意する。それは正しい。さらに、この操作を行うには知性で十分であり、知性はこの操作を自らの固有の自然的光によって達成すること、この操作を説明するために何らかの分離知性による補助的な照明に頼る必要や、幾人かのアウグスティヌス主義者が望むように、神、〈精神の太陽〉、〈内なる主〉、〈御言葉（Verbe）〉、要するにこの世に到来してすべての人間を照らすものによる補助的な照明に頼る必要はないことをわれわれは付け加える。これもまた正しい。ただしそれは真理の全体ではない。空気が光によって満たされるのと同じように、本性は神の現前にすっかり満たされているため、創造主を侮辱するのでないかぎり本性が弱められることはない。それゆえに、聖トマスは本性を減じないように気兼ねすることがますますなくなるのである。神がそうであるように存在させたところの存在するものに対して、その本質については何も拒めないのである。

このような考えをもっているからこそ、『神学大全』（ST. I, 84, 5）において、「プラトン学派の教えに染まっていた（*qui doctrinis Platonicorum imbutus fuerat*）」聖アウグスティヌスのプラトン主義的知性論を制限するまさにその瞬間、それでもなお聖トマスはアウグスティヌス主義的主張の本質や、その言葉そのものの真理を力説するのである。知性的な魂は、永遠の理性のなかで物質的なものを認識する。しかしそのためには、〔われわれの〕知性の光に加わる神の光の助力は必要ではない。われわれの知性の光で十分である。「なぜなら、われわれのうちにある知性の光は、そのなかに永遠の理性のすべてが含まれるような、つまりイデア（Idées）、創造されざる光を分有した一種の類似にほかならないからだ。ここから次のことが言われる（「詩篇」第四章第七節）。多くの人が問う。『誰がわれわれに幸福を見させるのですか』。この問いに、詩篇の作者は答えて言う。『きみの顔の光は、われわれの主の上に刻まれた』。これはまるで次のように言ったのである。われわれにおける神の光の刻印そのものによって、一切はわれわれに証明されたのである、と」。こうして聖トマスは、一方で例外なく人間のすべての認識の起源にある感覚的な経験の必要性を力説すると同時に、人間の知性を神の光そのものへと密接に繋げるのである。この光（これは神的な存在（*esse*）のことである）が、神のさまざまなイデア（これらもまた神的な存在（*esse*）のことである）の無限性を含むから、あるいはこの光が神のイデアの無限性そのものであるからこそ、神の光を分有した各人の能動知性は、感覚的なものとの接触において、知性的な概念を形成する力を持っているのである。この知性は神の光そのものではない。もしも神の光であったならこの知性は神になってしまうだろう。そうではなく、この知性は神の光によって創造された結果であり、有限な仕方で、神の光の卓越性を表現し、模倣するのである。それゆえに、存在しているさまざまな存在するものにおいて、神のイデアに似せて、それらが分有している知性的な形相を発見する力というもの〔が可能となるのだ〕。能動知性は、それ自体のうちに、自らの外にある第一原因——そこから一切の認識と知解可能性が到来する——との類似を認識するためのものを有している。

この思想には、聖トマスにおけるきわめて特徴的な分有の観念を理解してみたあとで、改めて立ち戻らねばならないだろう。いまのところは、もっぱらこの知解の理論をありのままに考察するだけにしよう。あるいはむしろ、考察を試みることにしよう。というのも、それを完遂することなどどうやってできるというのか。この理論は一つ目の観点として、まず初めにアリストテレス、ただし上昇する推論に沿って、感覚のレベルから経験のさまざまな観念が発展していく様子を見ている真のアリストテレス（Véritable Aristote）に従っているのである。この経験そのものは、生成の次元における芸術（art）の原理であり、存在の次元における科学（science）の原理である。しかし、科学とその証明の手前に、原理の直観がある。証明は原理に依存するのであるから、原理そのものは証明の対象ではない。原理が科学を証明することはない。しかし科学は原理の光に照らされて証明を行う。そして原理の光は思考そのものであるのだから、最終的に科学を生み出すのはまさに知性なのである（『分析論後書』第二巻第十九章結論）。そうだとすれば、原理は常に全員に対してその意味の全体を与えるわけではないからといって、どうして驚くことがあろうか。原理の明証性や原理の必要性そのものは、原理が照らしつつコントロールしている知性を制約する。しかし知性〔だけで〕は、原理の確実性から、知性自体がその原因であるところの科学の確実性を作り出すことができないので、原理を甘受するのである。この至高の知性的なものには、敬意と慎ましさをもって以外、近づくべきでない。少ない言葉で済ませるために使われる単純ないくつかの表現がトートロジーに思われるのは、その表現の深さを探ろうと試みない人間にとってだけなのである。

聖トマスは、二つ目の観点として、ただしこれは一つ目の観点において与えられていたものではあるが、アウグスティヌスの道を、内側から豊かにし、無限の豊かさを授けつつその道に従っている。この道自体はキリスト教哲学の道である。驚くべきことに、聖トマスにおいてはこれら二つの道はもはや一つでしかない。それが聖トマスの道なのであり、これらの道を名づけようとしても、それぞれが他方に同一化してしまっていて区別することはできないだろう。人間によって認識された宇宙は、これ以降、神の類似のもとで創造されたものによって成立する。その神の本質は、すなわち存在のはたらきは起源であり、同時に規範でもある。これらのものを認識する知性は、それ自体この同じ神の結果であり、似姿である。一切が本性において自然であるような、ただし本性は本質的に神の結果であり神の似姿であるようなこの理論においては、本性そのものが聖なるものであることができる。このような知性によって現実のなかに読み取られた第一の知性的なものが存在の第一の観念であること、そしてこのような起源を持つがゆえに、この〔存在の〕観念はあらゆる意味で、それを理解する知性を超えていることほど驚くべきことはない。

これが能動知性の単一性を誤って教える人たちによって、おぼろげに見て取られたところの真理である。彼らは間違えている。しかし彼らが、アリストテレスはわれわれの能動知性を、われわれの魂が神から受け取る光だと名づけたと言うことに関しては正しい。この意味で、アウグスティヌスとともに神は魂を照明する、神は魂の〈知性的な太陽〉であると言うことは、なおいっそう正しい。だがわれわれが達した神学的高さに比べれば、これらの細かな哲学的論争はあまり重要ではない。アウグスティヌスは、認識することは、魂のうちにイデアの影を観照することだと主張した。アリストテレスは、認識することは感覚的なものの知解可能性を照明する能動知性のはたらきのことだと主張した。理論の構造は異なっているが、最終的な分析においては二つの理論は一致する。「このことについて、神とは〔知性によって〕分有する知性的なものそのものであると言おうが、知性的なものを生み出す光であると言おうが、大して重要ではない」(DSC., 11, 8[m])。いずれにせよ、認識の起源には、神があるのだ。

この真理は聖トマス自身から最近の解釈者に至るまでしばしば見失われてきた。そして異常をきたし、しばしば存在主義(ontologisme)に堕した。反動によってほとんど物理学的な経験の限界内に還元され、神自身の存在という自らの源泉を断ち切った。そのままの状態で保存された場合は、ギリシアの自然主義と似たような姿を呈した。しかしそこでは、その存在そのものに関して神に依存しているがゆえに、本性は神の樹液ではち切れそうになり、そうであるところのもの〔本質〕以上のことを常に限りなく意味してしまうのである。

これは、〈存在(Être)〉についてと同様、認識についても真であるため、単なる定型表現にのみ基づいているような形而上学の亡霊を追い払うのにはちょうどよい。〈叡智(Sagesse)〉は観念から出発する。この観念はたしかに抽象的である。しかしこの観念には、現実的なものから知性(entendement)によって抽出された内容が伴っている。この知性の光は、われわれの知性自体がその痕跡であるような光そのものを再発見する。存在の第一観念は、形而上学にとって何よりも先に与えられる所与である。存在の第一観念は、そのようなものとして直観的に把握されると同時に、すべての知性や知性的対象にとっての原因たる、〈ありてある者〉の光によって照明されている。この所与、そしてわれわれがそこから取り出す知性的な経験は、形而上学の真の原理なのだ。〈ある（est）〉という語の意味のうちに、〈叡智〉全体が潜在的に含まれている。それゆえわれわれは、これをまるで〈出発点〉と呼ばれるようなものに変えてしまうべきではない。そこから出発するのではなくそこに長いあいだ留まっておくべきであり、そこから遠ざかったとしてもできるだけ早くそこに戻ってくるのでなければならない。存在は、さまざまな観念のうち、最も普遍的なものであり、最も自明なものだ。しかしそれはまた、神の名前そのものにふさわしく、最も神秘的なものなのである。

形而上学者たちの意見が一致しない理由はまさにここにある。スアレスがきわめて適切に述べたように、〈存在者はあるか（*an ens sit*）〉ということは自明である。しかし存在者とは何か（*quid sit ens*）ということは自明ではない（MD., I, 2 prœm.）。存在者（*ens*）が意味しているのは、語（mot）ではなく、事物（chose）である。ただしこの事物はあまりに単純なものであるため、定義することができないのだ。もっぱら記述することができるだけである。ありとあらゆる形而上学は、形而上学者の省察のなかに与えられた存在の観念を、諸原理に対してずば抜けて卓越しているとアリストテレスが説明したところの単純な直観の真理として前提にしている。科学の原因についての科学というものは存在しない。それゆえ、偉大な形而上学相互の論争は、それらがまず原理の次元で敵対しあうことなく、結果の次元で相互に対立しあうかぎり無意味である。しかし原理の解釈を比較することは形而上学がやりたがらない。なぜなら形而上学にとっての第一原理は同じもので、それを異なった仕方で理解しているだけだからだ。いかなる証明をしたところで、それぞれの形而上学が、存在という第一原理を同じ仕方で理解することはない。すでに見てきたように、あらゆる偉大なキリスト教哲学者は並走したまま生き延びているのである。すべて〔のキリスト教哲学者〕にとって、神は存在である。アウグスティヌスの言うように、〈神は存在である（Il est Est）〉。しかしその〈存在（Est）〉はというと、ある者にとっては〈不変性〉を意味した。また別の者にとっては、その本性が現実に存在することであるようなもの（*natura existendi, natura essendi*）、さらに別の者にとっては、存在は、基体に適合する活動や作用の根源であり深奥な原理であるような現実的本質だった。こうした観念が、形而上学の扱う概念上の存在ではなく、〈現実の存在〉の観念だということは認めるべきである。もしも形而上学が抽象的な観念しか相手にしなかったなら、形而上学は論理学でしかなかっただろう。第一哲学は、現実の科学（science réelle）であり、〈存在するかぎりの存在（l'être qui est）〉を相手にしている。だからこそ、スアレスがさらに正確に述べたように（MD., II, 2, 29）、神も天使も存在しなかったならば、形而上学は存在しないはずなのだ。あたかも、形而上学者たちは知性的な一つの同じ空間の内部でちりぢりに別れてしまったかのごとく、万事は進む。その空間はあまりにも広大なため、形而上学者はお互いに出会う機会がないのである。

ここには懐疑主義の跡形もない。ただ単に、本性からして証明されることを拒んでいるものを証明することによって教育を受けていない（*indisciplinatus*）というような立場に身を置かないよう、要請されているだけである。それに、第一原理が存在であることは証明可能である。このことに反対する人たちでさえ、ある意味デカルトがそうだったように、存在という第一原理を使用せざるをえなかった。デカルトは〈われあり（Je suis）〉と言うことによって、何を主張していたのか。要するに、形而上学者にとって、第一原理に帰している意味と、経験の内容とを時間をかけて比較することは、可能であり必然ですらあるのだ。存在するものであるかぎりでの存在のすべての特性を正しく評価する語、すべての特性が現実のなかで遵守している秩序に従って思考のなかにもすべての特性を秩序立てるような語、そのような語の意味を発見できたなら、哲学者は、制約も躊躇も疑念もなく、この概念に同意することになるだろう。そのような概念は、形而上学者にとって、第一の原理であろう。そして最も確実な仕方でそうなるだろう。というのも、形而上学者自身が理解するように、このような概念は、その卓越性ゆえにそれ以外のすべてを含んでいるという意味で、あらゆるものからの影響を免れるし、それ以外については、すべてのものを集めても、この概念の知解可能性に及ばないからである。

それゆえ形而上学は、原理を手に入れ、その原理の結果を演繹しはじめた瞬間から科学なのだ。ただし理論の運命は原理の知解にかかっている。真の形而上学者なら自らと矛盾するような行為に陥ることはめったにないだろう。理論について見解を表明せねばならないのはいちばん初めからなのである。身を投じる前に長い時間をかけて考え抜かねばならないのは原理を構成する知性の最初の進め方についてなのだ。原理があらゆる相のもとで現実を照らし出せるかどうかということは、理論が構築されていくにつれ、その正しさをおそらく裏づけるものになるだろう。ただしその確実性を本質的に生み出すのは、知性が理解を推し進めるなかで直観するような、原理自体の自明性なのである。原理の意味が理解されると、理論はその原理の光のもとで展開する。〔それがどのように展開されようと〕理論の展開のほうは、真理を作るのではなく、真理を明らかにするだけである。

したがって、形而上学を教えるときに、特に一連の結果に固執してはならない。そうしてしまうと弁証法はあまりにも簡単に成功してしまうため、その真理を捉えることも、真意を理解することもなく、正確に原理の帰結を導き出せなくなってしまう。こうしてさまざまな論争において、永遠に理解されないという印象を論争相手に与えてしまうことになるのである。実際に彼らはそう感じている。なぜなら各人は、原理の意味についての自分自身の知解の光のもとで、論敵のうちに一連の結果を見て取っているからだ。

哲学のすぐれた教師であれば、このような進め方はしない。時間をかけて省察した後で、自分が捉えたものを語り、ほかの人たちもそれを捉えられるよう導く努力を行うはずだ。それゆえに、証明可能なものを証明しようとする前に、彼なら証明不可能な真理を説明し、その自明性を明らかにするのである。

これは一種の技術（art）である。形而上学そのものと同じくらい古いこの技術は、プラトン以来あまりにも有名であるため、わざわざ主張される余地がなかった。イメージから出発して、このイメージを超え、光のように知性的な原理へと到達しなければならない。それはほとんど目にすることができないけれども、われわれは、存在の観念の内容についての明示的な分析に取り組むことによって、その直観がほかの人たちのうちにも生じることを期待しているのである。こうしたことは、われわれの思考がその単純な知解可能性を説明しようとするたびに、知性的原理についての直観の少しだけ手前へと降りていくことによってでしか実現しない。あたかも美しい顔を見るためには少し遠ざからねばならないのと同じように、絶えずその直観を保持しているかぎりは、そこから離れることができる。

その説明は知性的な直観の真っ只中でなされねばならない。知性的直観はそれほど遠くを目指す必要のないものである。なぜならこの直観は、それ自体で十分だからだ。そしてほかの人たちに対してはというと、この直観は、彼らを追い抜いて、彼らを動かし始めることしかできないのである。それに、そこから第一の判断が湧き出すような単純把握と結びついたこの直観は、すぐさま言葉を失うことになろう。それは、これまで言ってきたことからして、もう十分すぎるほど明白なことである。

原註

（1）M.-D. Roland-Gosselin, O.P., *Le « De ente et essentia » de Saint Thomas d'Aquin*, « Bibliothèque Thomiste » VIII, Paris, Vrin, 1926, nouveau tirage, 1948, p. 187-189. すでに古典となったこの研究は、「それによって聖トマスが被造物における本質と存在の区別を打ち立てたところの論証（arguments）」（p. 187）を提示している。これとは別の試みが、P.N. Del Prado, *De veritate fundamentali philosophiæ christianæ*（Fribourg, 1911）である。この二つ目の著作では、聖トマス自身の論証を報告するだけでなく、有限なものにおける本質と現実存在の区別（あるいは結合）のための新しい証明を発明することが目指されている。

（2）M.-D. Roland-Gosselin, O.P., *op. cit.*, p. 188.

（3）*Op. cit., ibid.*

（4）P・ロラン゠ゴスランは、この点に関して、*In I Sent.*, dist. 8, 9, 4, art. 2 を参照している。*Cf.* CG. I, 22 ; I, 43 ; II, 52. さらに彼は、自らの著作において、聖トマスがアヴィセンナについて述べていることも参照している（p. 162）。しかしアヴィセンナの問題系は、聖トマスのものとは別物である。アヴィセンナの問題論的構制が目指していたのは、もしも存在それ自体が必然的なものだとしたら、それ以外の存在は可能的なものでしかなく、それゆえ創造の可能態から現実存在を受け取って保持しなくてはならないということを証明することだった。しかしアヴィセンナは、そこから、有限な存在は、存在（*esse*）に対しては可能態にある本質であること、この存在（*esse*）はそれとは区別され、可能態にある本質にとっての現実態であるがゆえに、それを存在するものに変えるようなものだということを結論づけたわけではない。

（5）*De civitate Dei*, XII, 2 ; P.L., 41, 350.

（6）*Jean Duns Scot. Introduction à ses positions fondamentales*, Paris, Vrin, 1952, p. 227 のなかのテクストを見よ。

（7）J. Gredt, O.S.B., *Elementa philosophiæ aristotelico-thomisticæ*, 2 vols., Friburgi Brisgoviæ, Herder, 1932, vol.I, art. 1.

第七章　中心問題

La clef de voûte

……聖なる学は一つの学でありながら、種々の哲学的学で取り扱われる事柄も、単一の観点のもとに、すなわちそれらが神的啓示に属するものであるかぎりにおいて考察することができる……（ST. I, 1, 3）。

思想というものは、誰もそれについてもう考えなくなってしまったとき死んでしまう。そのとき思想はもはや神においてしか残らない。こうしてわれわれは、考える仕方そのものを、そのはっきりとした目的や、原理や方法ごと死なせてしまうことがある。たしかにいくつかの思想は時代遅れのものとなった。しかしその数はひとが思うよりずっと少ない。なぜなら、人間の思想における偉大な記碑の場合、たとえ何世紀ものあいだ忘れ去られていたとしても再評価されることによって、たいていはその思想がなおも称讃や学ぶに値するものであることに驚かされるからである。

教会におけるトマス主義の現状の矛盾とは以下のことだ。トマス主義は、教会によって忘れられたり無視されるどころか、教会の教義的規範かのように奨励され、規定すらされていること。にもかかわらず多くのキリスト教徒がトマス主義よりも、ほかの神学を好んでいることである。この事実を深く考えてみることは、神学にも哲学にも属していない問題である。教会の権威だけがそれについて語る資格を有している。それはわれわれがかき乱すべき問題ではない。当のトマス主義者でさえ、自分が自由に同意したものが、高みから他人に押し付けられるようなことは望まない。そういった人たちが、自分自身を基準にして判断しており、本当は自分たちが知らない、うまく理解できない、あるいは完全に勘違いしているものへ、全身全霊で同意することのうちに喜びがあるなどとは、想像することもできないのだとしても。

このような人たちにも言い分はある。それはおもに、神学的認識の異例さや困難さである。神学的認識は、さまざまな書物のうちに記されている。しかし、そのような神学的認識は現に存在している人間の精神のうちに甦るのでなければどのようなものなのかわからない。神学的認識に存在や運動や生命を与えようという試みは大部分の人間の能力の限界を超えている。いくら高望みしても、この点に関しては実際のところそれよりはるかに少ない成果に留まらざるをえない。幾世紀ものなかで際立つ哲学者が何人かいる。同じように、際立った神学者もいる。彼らについて書かれたものはあるが、われわれも含め多くの読者は、真の哲学的思考や、言葉の真の意味での神学的思考を共有する以上のことはほぼ何もできない。われわれは、それぞれ自分のレベルに応じてそこから必要な分を取り出す。ほとんどの場合、われわれは共有された思考を受け売りすることによってでしか考えることはできないのだ。

神学者自身は、自分が考えていることをはっきりと言葉にしようとして――それが厳密な意味で考えるということである――、自らに対し、また他人に対して語りかけるがゆえに、神学的認識の困難を理解している。自分の考えていることを自分ないし他人に伝えるためには、原理のうちに結論を見て取る精神のゆったりとした内面の揺らぎのうちに安らうのではなく、知性の安定性から脱して、理性の運動に頼らねばならない。両者は別のものである。理性の運動においては、認識の漠たるかたまりが、一滴ずつというほど精密ではないが、ごっそりと細かな網へ流れ落ちていく。ペンが書くのは書物ではなく、文、単語、文字、そして最終的には線である。ペンの上下運動のおかげで、思考は空間のなかに分離され、時間のなかに継起するさまざまな要素だけで、自らを表現できるようになる。聖トマスが記した『神学大全』の最後の項は、有機的に、生き生きと、最初の項につながっているのだが、著者の精神のなかでそれらをつなげている連続性というのは、われわれの精神のなかでは模倣の状態でしか存在しない。そのときわれわれの精神は、外部から提示された秩序を従順に再生しているのである。

このような理由によって――もちろんそれ以外にもたくさんの理由があって、それを分析していると無限に続いてしまう――、聖トマスの神学は、あるがままの姿で、われわれの精神のうちに容易には入ってこない。それ自体を全面的に受け入れようとする際に、乗り越えるのが最も難しい障害は、聖トマスの神学を二つの部分へと分けようとする、今日でもきわめて広く見られる傾向である。片方は哲学であり、その形而上学は、聖トマスの場合、アリストテレスの自然神学に対する反論であるような哲学である。もう片方は、啓示に基づいた〈聖なる理論(doctrine sacrée)〉、あるいは超自然神学である。さて、聖トマスが、自然と超自然、理性と啓示、あるいは形而上学と本来の意味での神学という二つの次元を厳密に区別したということは紛うことなく真である。この区別に反することは、聖トマスの思想や彼の著作に対する裏切りである。しかし、聖トマスのスコラ神学に対する貢献とは、まさにこの区別に構造上の一体性を与えたことであるのもまた真なのである。この一体性は、聖トマスによる哲学の、きわめて特殊な使用法に基づいている。一方で、哲学を啓示の光にもとにさらし、理性がそこから新しい真理を読み取るようにしつつ、他方では、このように完全化された哲学から、啓示された神学に対して、用語、方法、技術、観念を供給してもらうのである。これらは十分な効力を持っており、少なくとも神学が知（science）の形態をとるに足る、類比的な有効性がある。

あらゆる物事の真理を、一挙に理解しうる単純な視点から見て取ること――それは神がすべてのものを自らの知の一体性のなかで認識する仕方に少しだけ似ている――が重要である。神の知を思えば、その有限で流動的で近似的な似姿でしかない神学が、聖トマスの目には、一種の藁にすぎないものと映ったとしても驚くことではない。だが、実のついていない藁はない。この神学は、神の知に比べて不十分なものだったとしても、われわれの知に比べれば神的なものだ。ここから、抑制されてはいるが激烈な歓喜が生まれる。この喜びを持ちながら聖トマスは神学を語った。また、おそらくこの点にこそ、要約的〈帰納法（inductions）〉に対する聖トマスの嗜好を結びつけたほうがよい。聖人〔聖トマス〕は機会があればこの帰納法に頼るのである。このような展望において、現実の全体が、あるいは少なくとも宇宙の一面が構造や秩序の有機的な一体性を持って、まるごと視界のうちに入ってくる。この展望というものは、おそらく神の本質、すなわち神の存在そのものたる完全な知、完全に統一された知が、人間において不完全さの最も少ないかたちで類比されたものである。

思索の途上でのこのような休息は、神学者が分析的努力を続けたことへの報賞である。彼らは〔分析的〕方法の必然性ゆえに、反論を予測し、反論を検討することに時間をかけながら、曖昧な点を遠ざけ、それだけでなくほかの理論において真理を有しているものを正当に評価したりほかの理論の用語を正当化したいという欲求に従って、別の反論を引き起こす危険を冒し、問いと答えを区分・再区分しなければならない。そうしているうちに自らを表現する思考の光は広がって散らばりゆく光のごとくその強度を失っていく。

それゆえ、最も単純な視点のもとで最大限の真理を視界に収めたときの、神学者が神学的瞑想の喜びに身をゆだねる数少ない機会を捉えねばならないのである。知性の光のもとで、理性は、第一原因とその最も末端の結果とのあいだに広がる無限の空間を速やかに動き回る。たしかに、自然に属するものと、恩寵に属するものとのあいだの根本的な区別は、忘れられることも、ましてや消滅することもない。しかし神の視点が得られたなら、われわれは一瞥《いちべつ》しただけで、そうした区別を乗り越えるような統一的な秩序のもと、すべてを捉えることができるようになるのだ。

聖トマスの熱心な読者なら誰でも、このような瞬間のことを知っているし、神学そのものの声が純粋な状態で聞こえるような箇所をいくつか引用することができるだろう。そのうちの一つが後のページにあるような引用である。聖トマスの思想を翻訳するときには、本人のものほど正確ではないとしても、その意図に関しては正確に汲み取って、彼の思想にとって本質的たる完全な連続性を尊重した言葉へと翻訳しなくてはならない。その意味でこれは、聖トマスによる原文を可能なかぎり忠実に翻訳したものである。原文はそれだけが真正なものであって、ほかとは比較できないような熱量を持って語っている。しかし正確に言えばこの〔翻訳の〕試みは、オリジナルをコピーに置き換えることが目的なのではない。まったく反対に、読者や学生や友人たちのために、聖トマスによる原文へと導くことを望んでいるのだ。

そこでの問いは、「神的なものに、生み出す力はあるのか」（QDP., 2, 1）である。これを否定するものとして十五の反論が提示されており、本当のことを言えば、そのうちのいくつかは容易に思いつくものである。常に抑圧あるいは抑制されてはきたが、自然理性そのものと同一の本質を有する立場を何世紀も占めてきたアリウス主義〔神と子を異質と唱えた古代キリスト教〕の全体がすでにそこにある。神が〈存在（l'Être）〉であること、これをひとは認める。しかし神が〈父（Père）〉であることについては誰が同意できようか。それは〈子（Fils）〉への信仰によってのみ可能である。したがって当然ながら、先述の問題がこの〈啓示されたもの（révélé）〉に属していることは前もって確かなことである。この啓示されたものの本質そのものは、自然理性による理解を超越するものである。よってこの啓示されたものは神学的思索の固有の主題をなすものだ。いかなる形而上学であれ、神が生み出す力を有しているものと証明することはないだろう。しかし、神がそうした力を有しているとしても、この真理をしかるべき場所に置くことなしには、望ましい正確さで定義することができない。自然理性は、この真理の意味を、完全に〈理解する〉ことはないけれども、より深くまで見抜くことならできる。聖トマス自身に、自分のやり方で語ってもらい、彼の好きなように神学を行わせることにしよう。〔以下の訳文はジルソンの解釈を踏まえて、彼のフランス語訳に準拠する。〕

答えて言う。あらゆるはたらきの本性は、できるかぎり自らを伝えることにある。それゆえそれぞれの作用者は、それが現実態（*acte*）にあるがゆえに、作用している。作用することとは、それのおかげで作用者が現実態となるところのものを、できるかぎり伝えること以外の何ものでもない。さて、神の本性とは、至高の、そして最も純粋な現実態のことである。したがって神の本性は、できるかぎり自らを伝える。神の本性は、もっぱら類似性を通じて、自分自身を被造物に伝える。それは誰にも明らかである。なぜならあらゆる被造物は、この〈本性（Nature）〉に似ているがゆえに〈存在者（*ens*）〉だからである。しかし、この〈本性〉そのものがほとんど自然な伝達によって自らを伝えるかぎり、カトリックの信仰は、自らを伝える神の本性に、もう一つ別の伝達方法を加える。その結果、人間性が伝えられたところのものが人間であるということと同じように、神性が伝えられたところのものとは、単に神に似ているものではなくて、まさに神である。

この問題について、神の本性は二つの点で質料的形相とは異なっているということがわかるだろう。まず、質料的形相は、存続するもの（subsistantes）ではないという点で神の本性と異なっている。そのため人間の場合、人間性というものは、存続する〔個体としての〕人間と同じものではない。これに対して、神性は神と同じものである。そしてそれゆえ神の本性は存続するものなのだ。もう一つの違いは、創造された形相や本性の場合、いかなるものも自らの存在（*suum esse*）ではないという点である。反対に、神の本性や何性（quiddité）の場合は、神の存在そのものである。このようなわけで、神自身の名前とは、「出エジプト記」第三章第十四節からも明らかなように、〈ありてある者（Qui Est）〉なのである。なぜなら神の名前は、神自身の形相に由来するかのごとく命名されたからである。

反対に、この世の存在において形相はそれ自体では存続しない。したがって、形相が伝えられるもののうちに、何かほかのもの、すなわち、それによってこの形相あるいは本性が存続を受け取るような何かがあると言わなければならない。質料的形相や本性が存続するのは、質料においてである[1]。質料的形相あるいは本性は、自らの存在ではないのだから、存在を受け取ることになる。というのも形相は自らとは異なる何ものかによって受け取られるからである。以上のことから、形相は自らがそこにおいて存在するところの何かが異なるに応じて、異なった存在を有していなければならないと結論づけられる。それゆえ人間性というものは、ソクラテスとプラトンにおいて、その観念そのものに関しては一つであるにもかかわらず、存在としては一つでないのである。

　これに対し、伝えられるものが神の本性であるような伝達においては、神の本性そのものがそれ自体で存続するものであるため、存続することを神が受け取るためには、いかなる質料的なものも必要とされない。したがって神の本性は質料のような何ものかによって受け取られることもない。その結果、このようにして生み出された基体というものは、質料と形相が結合しているものだということになる。さらに神の本性の場合、本質そのものが存在なのだから、自分がそこにおいて存在するような基体を通じて存在を受け取るようなこともない。したがって、このような神の本性は、唯一かつ同一の存在を通して、その本性を伝える者と、その本性が伝えられるところの者の双方のうちにある。かくして神の本性は、両者において数の上で同じままなのである。

　このような伝達に関して、きわめて満足のいく例を、知性の作用のうちに見いだすことができる。実際、霊的なものそのものである神の本性は、霊的な例を用いれば、いっそう簡単に明らかとなる。われわれの知性が魂の外にそれ自体で存続する何らかの事物の何性を理解するとき、それ自体で現実に存在するこの事物からの一種の伝達が起きているのである。われわれの知性は、この外的な事物から、何らかの仕方でその形相を受け取る。そして、この形相がわれわれの知性のうちにあるとき、この知性的な形相は何らかの仕方で外部の事物から生じたものなのである。ただし外的事物の本性は、知解する基体（sujet intelligent）の本性とは異なるため、知性のなかに含まれた形相の存在は、それ自体で存続する事物の形相の存在とは別物である。

われわれの知性が理解するものがまさに自分自身の何性である場合には、このことはすべて真でありつづける。実際、一方では、知性が形相を理解するとき、知性のうちに何らかの仕方で生じるものとは、まさに知解する者によって知性化された形相そのものである。生み出され理解された形相と、その形相を生み出すところのものとのあいだには、何らかの統一性が保たれている。前者は知性の存在を有しており、後者は可知的形相の存在——それは知性の言葉（verbe）と呼ばれる——を有しているのだから、両者は一つの知性的な存在を有している。とはいえ、われわれの知性はその本質からして知解作用の完全な現実態ではなく、さらに人間の知性は人間本性と同一のものではないのだから、ここで問題となっている言葉とは知性のうちにあり、知性と何らかの仕方で合致するものではあるけれども、知性の本質そのものとは同一でないということ、ただし明白な類似性はある、ということが帰結する。また、この種の知性的形相の理解においては、人間本性の伝達を含む厳密な意味での産出（génération）について語るために必要であるような、人間本性の伝達というものはない。だが、われわれの知性が自分自身を理解するとき、現れ出た言葉がその言葉を生み出すところのものと類似性を帯びていることを見いだすのと同様、神性においては、言葉を生み出すところのものと類似しているような言葉が見いだされる。このような発出（procession）は、二つの点において、われわれの言葉の発出を超えている。第一に、先ほど述べたとおり、われわれの言葉はわれわれの知性の本質とは異なっているのに対し、その本質からして知解作用の完全な現実態（acte parfait）にある神の知性の場合、自分の本質とは異なるような知性的形相を受け取ることはまったくありえない。神の言葉は、その言葉を生み出す神の知性と同じ唯一の本質に属しているのだ。第二に、神の本性は、その現実態そのものなのだから、知性的な仕方で神の本性のうちに生じた伝達は、自然における仕方によってもまた生じるのであり、それゆえこの伝達を産出と呼ぶことができるのである。こうした点において、神の言葉はわれわれの言葉を超えている。これが、アウグスティヌスの規定した、産出のあり方である。

だがわれわれは、われわれの仕方によって神的なものについて語る。その仕方というのは、われわれの知性がそこから知を引き出すところの、この世の事物から借りてきたものである。この世にある事物に作用というものを認めようとすれば、能力と呼ばれるような、作用の原理を必ずや定立することになるのと同じように、神的なものに関する場合でも、われわれは同じことをするのである。ただし、神においては能力と作用とのあいだに、被造物におけるような区別は存在しない。それゆえに、神においては、産出という、作用を意味する言葉を定立し、神は生み出す力（pouvoir d'engendrer）を有していることを認め、産出能力（puissance génératrice）を神のうちに見いださなければならない。

ここでの方法は明白である。神学者〔聖トマス〕は、信仰を通じて、キリスト教の三位一体においては、〈父〉と〈子〉があると主張する。しかし、この父子および親子の関係には、われわれが経験によってよく知っているように、父の側に、生み出す力が含まれているのである。それゆえ問題は、神性においても、経験における有限な対象におけるのと同じような仕方で、生み出す力について語らねばならないのかどうか、ということになる。

否、と答えるとしたら、どのようなことが起こるのだろうか。それは〈父なる神（Dieu le Père）〉について語るのを諦めねばならないということであり、したがって、われわれの〈主（Sauveur）〉たる、〈神の子（Fils de Dieu）〉としてのイエス・キリストについて語るのも諦めねばならないことになる。そうなるとキリスト教の信仰にとって最も差し迫った問題は消滅し、その意味を失ってしまう。神学は、信仰の知解の助けになるどころか、父なる子について考えることそのものを不可能にしてしまうだろう。

折衷的に、神は真に父である、だが生み出す力は有していない、と言うことによって前述のような事態を回避できるのだろうか。結果は変わらない。なぜなら結局のところ、それは神についてわれわれの仕方で語ること（*de divinis loquimur secundum modum nostrum*）であり、父なる神について語ることを端的に諦めることを除けば、それだけがわれわれにとって唯一の選択肢なのだから。さて、われわれに認識された存在者のうち、生み出すことができるようなものはみな、定義上、作り出す力を授かっている。生み出す力を持たない創造主について語ることは、われわれにとって何も意味しない。

だから聖トマスは神学者に、自分の用語に最大限の責任を持つこと、そして人間の言葉を使用することは不可避であるのだから理解可能な意味を失わせるような使い方はすべきでないことを求めたのである。〈子なる神（Dieu le Fils）〉は、〈父〉によって生み出される。よって〈父〉は生み出す力を有している。「〔父は〕神における生み出す力なのである（*est potentia generativa in divinis*）」。

これが神学における肯定的契機である。だが、神は〈父〉である、そして神は生み出す力を有している、といってもそれがわれわれの経験するような有限存在に当てはまる意味であれば、神学者の目的は達成されないだろう。信仰の知解というものは、反対に、神学者に対して、そのようなイメージをできるだけ取り除く努力、すなわち有限存在と結びつけることによって、産出（génération）の観念を神に適用できなくしてしまうもの一切を超越するような努力を要求するものである。

これは、産出の観念についてのみならず、〔神学の道の〕途上で、認識の機能から借りてきた例の一つ一つを鋭い批判的関心によって解釈するときにも、聖トマスが行っていたことなのだ。認識の機能において、知性は、概念を〈理解する〔懐胎する〕（concevoir）〉、すなわち〈生み出す（engendrer）〉のである。

このような神学的純化の仕方を観察すれば、それを生み出す原理、つまり、その本質が存在と同じであるような、存在のはたらきとしての神の観念、〈純粋なる存在そのもの（*Ipsum Purum Esse*）〉ないし〈存在する本性（*Natura Essendi*）〉に気づかずにはいられない。この弁証法においては、原理としての神の観念が見失われる瞬間など一時たりともない。むしろこの観念は、その原動力であり、腱であり、命である。「神の存在そのものが神の本性、何性である。その本質そのものは神の存在である

（*ipsum esse Dei est ejus natura et quidditas ; ipsa essentia est suum esse*）」。われわれにおいては、反対に、「知性に理解された形相の存在は、それ自体で存続する物体とは異なる（*aliud est esse formæ intellectus comprehensæ, et rei per se subsistentis*）」。われわれは、その一連の流れが二つの大全〔『神学大全』と『対異教徒論駁大全』〕において記述されているところの、〔神学的純化の〕手順の一つを絶えず思い出す。すなわち、作用から力へ、力から本性へ、本性から本質へ、そして本質から存在、つまり分析の最後には、〈ありてある者の存在（Est de Qui Est）〉へ、という還元のことだ。

だから、神の観念と、そこに暗に含まれている存在の観念とに、同時に同意するのでなければ、聖トマスの神学を表明することなど不可能なのである。ある人たちは、聖トマスの神学的結論を、〈存在（Être）〉として理解された神の観念と結びつけながら、彼の思想に満足しつつ同意しようとする。しかし、そのとき〈存在（l'être）〉を、聖トマスと同じように理解するのでなければ十分に理解できてはいないのである。

いくつかの神学がぶつかる困難の大部分はここから生じている。そうした神学は神を存在（l'être）と同一のものとみなし、その意味では聖トマスに同意している。だが実際は同意できていないのだ。なぜならそのような神学が考えている存在というのは、まず本質（*essentia*, entité）という意味での存在、あるいはせいぜい、その本質が、その原因のおかげで、現実に存在するという状態になっただけの、存在者（*ens*）という意味での存在でしかないからだ。この、本質という意味での存在は、第一の観念、たいていの場合、単に可能的な、無規定で非限定で無限で、すべての存在するものに普遍的に適用しうるような存在として理解される第一の観念のかたちで知性に与えられる。このような存在の概念は、現実の存在（être réel）を一般化し、抽象化し、形式化した模造品のようなものである。だが、存在一般なるものは、それが一般的なかぎり、現実には存在しない。明らかに、そのような概念は経験から出発して直接得ることはできない。それゆえ、その起源を説明するために、われわれの持っている存在の抽象的な観念に対し、神によって刻み込まれ、そこにおいてすべてがわれわれにおいて知解可能となって、まるですべてが神において結果、または創造された似姿として存続するような、われわれの知性にとっての形相をどうしても認めたくなるのである。ここから、そうした神学の著者たちの実際の意図や厳格な思想に反して、彼らとは無関係な、ほかの箇所では彼らが全力で放棄したところの〈存在主義（ontologisme）〉だというかどで、彼らに非難が向けられることになる。だが、そのような評価は間違っている。われわれは、トマス主義神学の著名な師たちが、存在についての真のトマス主義的観念を画定することが不十分で、それを見失ってしまったために、ときには非難も入り混じった反論に、無意味にさらされるのを見てきたのだ。

聖トマスの理論を理解するためには、彼の理論における認識論が、存在の形而上学によって完全に条件づけられているということ、この形而上学は存在の概念がそれ自体で有しているがままの意味を要請し、最初の一瞥から、有限なものとその第一原因を結びつけ、かつ区別するものをもたらすのだということを理解しなくてはならない。すべての始まりであるこの瞬間から、有限なものをその原因とは独立したものとして理解したり、反対に両者を混同したりすることは等しく不可能になる。神なしには何も存在しない。そしてまた、何ものも神ではない。

あらゆる神学者たちがこのことを説いている。彼らの違いといえばその説き方でしかない。だが、この違いは、たとえ啓示の固有の目的である救済そのものにとってではないとしても、少なくとも、神学の固有の目的である信仰の知解にとっては重要なのである。さて、聖トマスがこの点について述べているのは、まさに、知性によって形成される第一の概念は、あまりに無規定であるがゆえに神にも被造物にも等しく適用されるような存在の概念ではないということだ。反対に、単純把捉の次元における第一原理であるところの第一の概念は、存在者（*ens*）という観念である。この概念は、〈存在を持つもの（*habens esse*）〉として理解された被造物に当てはまる。したがってこの概念は、このかたちでは神に適用することはできないのである。なぜなら神は存在者ではなく、存在を持っているのでもなくて、〈存在（Est）〉だからだ。(2)

よく考えてみれば、なぜ、このような真理そのものを根拠とした、因果性の道による神の存在証明が、聖トマスにとって、可能かつ必然的であったのかがわかるだろう。そうした証明が可能なのは、存在者から出発して、存在者（*ens*）が存在（*esse*）を持つということに関して有しているものの原因として、存在へと遡ることができるからである。そうした証明が必然的であるのは、まさに、存在一般という無規定な観念から出発せずに、任意の存在者の存在という、感覚可能な経験から出発する場合、〈存在を持つもの（*habens esse*）〉という概念は、あたかも自らがその固有の本質であるかのようにそれ自体で存続する純粋な〈存在（*esse*）〉とは明確に区別されたものだということを、分析的な方法によってア・プリオリに理解することは不可能だからである。そこで帰納的な証明が必要になる。そして、その場合の唯一の理解可能な方法とは、因果性なのだ。

まさにこの瞬間、歩みを始めたときから存在主義を免れていた聖トマスの理論が、その最も重要な要素としてギリシア神学の遺産を取り入れたにもかかわらず、超越的な否定神学へと直接的に向いていることの深遠な理由も理解されることになる。というのも、人間知性に固有な対象として定立された、存在を持つものあるいは〈存在者〉から出発すると、神であるところの純粋存在というものは、当然ながら言うまでもなく、われわれの把握を逃れてしまうからである。われわれにとって、〈もの（ce qui）〉の支えなしに、それ自体で存続するような〈存在（Est）〉を思い描くことは不可能なのだ。われわれが神に対してどのような名前を当てはめようと、その名前は、実体、本質、そして〈純粋な存在そのもの（*ipsum purum esse*）〉という本性を意味するということを常に補足せねばならない。この純粋な存在からは、いかなる表象も不可能である。だからこそ、結局のところ、この世において人間は、神に、否定と肯定の彼方で、暗闇のなかで愛によってしがみつくことしかできないのである。それゆえ聖トマスは、われわれは神の存在をうまく認識できない、と言うだけに留まらない。われわれが〔聖トマスの言葉から〕耳にするのは、神の存在は〈認識できない（*inconnu*）〉ということなのである。〈神の本質は知られない（*Esse Dei est ignotum*）〉、という言葉を想起しなくてはならない。

神のこのような絶対的超越性は、形而上学的な用語においてしか、うまく表現できないものだ。あるいは、できるだけ正確に言うならば、われわれは神について、〈存在者（*ens*）〉という形而上学的な用語によってでさえ、厳密には神を十分に表現することができないのである。なぜなら神は純粋な状態で存在するからであり、もっぱらその存在を分有することによって、有限なものが存在者に属するようになるからだ。このような神学においては、いかなる用語の自由も認められない。というのも、神学をこうした剝き出しの尖峰の頂上にまで推し進めないかぎり、神の観念そのものが失われてしまうことになるからだ。〈ありてある者（Qui est）〉という概念は、そこから出発することによって、神についてのわれわれの知が――いかに乏しいものであっても――、神が自分自身について有している知と事実的な類比物であると理解させてくれるような一つの視点を提供してくれるのである。神は自らを知り、すべてを知っている。神が自らについて有している知とは神の本質についてであり、それは神においては純粋な存在のことである。一つのまとまりをもった知である神学は、一目にして存在の全体をすっかり見渡す力を持っている。なぜなら、そのような神学は、神が自らについて、そして万物について有している認識と類似するような神の観念を中心に、〈神は存在する〉という事実そのものに基づいて組織されていくからである。

われわれは、神の産出の観念をめぐる議論においてどのようなことが起こるかということを見てきた。実際、聖トマスは、本質からして神学的なこの問題――その答えは、それがどのようなものであれ、われわれにとっては神秘に包まれたままでなければならない――に取り組むとき、重厚な理論に満ちた数行において、存在のはたらきについての純粋に形而上学的な観念、われわれがそれによって神を尊びうる最も高位の形而上学的観念を喚起している。「可能なかぎり自らを伝達することが、あらゆるはたらきの本性である……。さて、神の本性とは最大限の最も純粋なはたらきである……（*natura cujuslibet actus est, quod seipsum communicet quantum possibile est... Natura autem divina maxime et purissime actus est...*）」。この観念は自らをできるだけ最大限に知らしめることだろう。それは二つの仕方で可能である。まず、万人にも理解できるとおり、自らに似た結果を生み出す原因としてである。次に、カトリックの信仰の教えのとおり、〈神がある一つの神を生み出す〉というほとんど自然におけるのと同じような伝達を通じてである。それはどのようなものか。形而上学に属するものであろうか。あるいは、理性と信仰の、自然的認識と啓示された真理の、何らかの奇妙な混合物であろうか。世界の創造の可能性と、〈御言葉（Verbe）〉の産出の可能性を同時に説明することはできるのだろうか。哲学と神学を混同しているのではないだろうか。否、聖トマス自身は、両者の次元の変化が生じる点を示していた。「しかしカトリックの信仰は、自らを伝達する別の仕方も措定している（*Sed fides catholica etiam alium modum communicationis ipsius ponit*）」。とはいえ聖トマスは、自然的であれ超自然的であれ、その起源がいかなるものであったとしても、あらゆる真理を受け入れて、混同することなく統一する。そしてそれを思考のなかで占めておかねばならない適切な場所へと導き、〈存在（Être）〉に依存するような秩序のもとに対応させるのである。神とその作品のあいだには、存在の非連続性があるが、同時に知性的な次元における連続性もある。そしてこの連続性は、理性が真の原理から出発しているかぎり、理性によって再発見されうる。この条件のもとで、神学は、その統一性を失うことなくすべてを包摂することができ、すべてを神自身が抱いている知の視点から考えることができるのだ。こうしてわれわれが自然と知っているものそのものが、改めて啓示されうるものとなる。なぜなら神はすべてを知っており、神が知っていることのうち、啓示できないものは何一つないからである。

原註

（1）「……質料的形相のもとに存続する質料……（*…materia, qua subsistit formis materialibus…*）」、これは文字どおり、質料的形相のもとで、〈下に‐立つ（sub-siste）〉、ということであり、〈存続する、下で支える（subsistere）〉の後期ラテン語の意味、すなわち〈支える（soutenir）〉の意味である。

（2）これが、理性の光、思考に現前する存在、存在の本質、存在のイデアを、相次いで同一視してきたキリスト教哲学の見逃したものである。これらの等式は、トマス主義的な存在の形而上学と、アウグスティヌス主義的な照明論的知性論［経験によるのでなく、永遠の真理の先によって内面的に真理が知性に呈示されると考えること］との統合を進めようとしている。だが、この手続きは適切なやり方ではない。アウグスティヌス主義における、思考に対する神の内在性という考え方は、トマス主義においては、自ら創造したものに対する神の普遍的な内在性というかたちで、容易に見つけられる。神は、万物に対し、それぞれ存在者の本性に応じて現前する。魂に対しては魂として、愛に対しては愛として、知性に対しては知性として。まさにこの意味で、〈存在（Être）〉は、われわれ、知性的認識を与えられた存在のうちに、存在の抽象的概念を引き起こすのである。新‐アウグスティヌス主義は、自分たちが目のあたりにするような改変されてしまったトマス主義では満足しない。それは間違ってはいない。しかし、彼らが、存在の本質を開示する存在のイデアを超えて、存在のはたらきそのものにまで思索を推し進めたならば、失敗を運命づけられている統合の試みを免れることになるだろう。いかなる神学も、存在のはたらきなしには、アウグスティヌスの神学の代わりになることなどできないのである。

第八章　因果性と分有

Causalité et participation

……創造することは、神の存在に即して神に適合する。そしてこの存在こそ神の本質にほかならない……（ST. I, 45, 6）。

すべてのキリスト教神学者は、宇宙とは神の作品であり、そして神は自らの能力を自由にはたらかせることによって無から宇宙を創造したのだと説いている。当然ながら、聖トマスも同じ説を唱えているのだが、その説き方はほかの神学者たちと異なっている。というのも、聖トマスはほかの神学者と同じように、創造のはたらきには被造物の存在を引き起こす固有の作用があると主張したのではあるが、その独特な存在の形而上学によって、創造主そのもの、創造のはたらき、その結果として生み出されたものの正確な本性、といった観念に関し、二重の仕方で従来の考え方に影響を与えたからである。

創造するということは、神そのものにおいて、どの側面に属するのだろうか。正しい答えを予想することはできる。すなわち、神におけるあらゆる神性に共通するものこそが、すべての存在者の原因である、と。しかしながら幾人かの神学者はこのように述べることをためらってしまう。なぜならキリスト教神学の観点からすると、宇宙の創造は神の豊かさの第一の発現ではないからだ。聖トマス自身の言葉を用いるならば、「神のペルソナの発出は、被造物の発出に先立ち、よりいっそう完全なものである」（ST. I, 45, 6, 1）。実際、神のペルソナは、神の原理との完全な類似によって発出するが、被造物の場合はというと、不完全な類似でしかない。したがって神のペルソナの発出は、諸物の発出の〈原因〉であり、そのようなわけで創造するということは、もっぱら神のペルソナに属するのだと思われるのである。

聖トマスがこれを否定することはないだろう。むしろ正しいと言うはずだ。しかしそれがどのような意味で正しいのかということを理解しておかねばならない。「使徒信条」における教会の用語にあるとおり、三位一体は、その全体が創造のはたらきに関わっている。キリスト教徒は、見えるものも見えないものも含めたありとあらゆるものの創造主たる全能の父を信仰している。さらに一切のものはロゴスとしての〈子〉を通じて成り立っており、〈聖霊〉がそれらを導き、命を与えていると認めている。それゆえ厳密に言うと、創造することは三つのペルソナすべてに属しているのである。ただし注意してみればわかることだが、これらのペルソナは、神の本質的な属性、つまり神の本質の属性たる、知性と意志を含み持っているかぎりで作用している。職人は、自分の知性が理解した内面の言葉（verbe）、自分の意志が対象に対して持つ愛を通じて、はたらきを及ぼす。同様に、神においては、〈父〉のペルソナが、自らの言葉すなわち〈子〉のペルソナと、自らの愛すなわち〈聖霊〉のペルソナを通じて、被造物を作り出す（*ex voluntate Patris cooperante Spiritu Sancto*）。言い換えれば、神の三つのペルソナは、われわれを神の本質へと導いてくれるのだ。実際、神の三つのペルソナというのは、それらが知性と意志という二つの本質的な属性を含み持っているかぎりで、創造主と言えるのである。

神の本質にまで遡るとは、どういうことであろうか。神において、その本質というのは存在そのもののことである。ところで、創造するということはまさしく、諸物の存在を原因する（causer）こと、あるいは生み出す（produire）こと（*causare, sive producere esse rerum*）だ。このことを正確に理解しておこう。もしも必要であれば、もう一度、存在者（*ens*）の観念とは異なるものとして理解された存在（*esse*）という基本的な観念を思い起こそう。というのも、このようにトマス主義的に解された存在こそが、ここで問題となっているからである。事実、「原因となるすべてのものは、自らに似た何ものかを作り出すのであるから、ある作用の原理は、その結果を通じて知られうる。火を生み出すものは火である。それゆえ創造すること（すなわち、存在を作り出すこと）は、〈神の本質であるところの存在に即して、神に属するものである（*creare convenit Deo secundum suum esse, quod est ejus essentia*）〉。そして本質は三つのペルソナに共通なのだから、創造するということは、一つのペルソナにのみ特有なものではなく、三位一体のペルソナすべてに共通するものなのである」（ST. 1, 45, 6）。

この概念はいわば創造の神学における核心そのものである。存在の概念が問題になるたびにいつも起こることではあるが、ひとは、哲学の順序に沿って結果から原因を理解するのか、もしくは神学の順序に沿って原因から結果を理解するのかで躊躇する。キリスト教哲学者はというとその両方を行う。なぜならキリスト教哲学者は神学的な問題を考えるものの、哲学を行うことを禁じたりはしないからである。このようなわけで、神は〈存在（être, *esse*）〉であり、すべての原因は自らに似た結果を生み出すのであるから、神が生み出す固有の結果とは被造物における存在のことである、と言える。あるいは逆に、創造するということは、まさに〈事物の存在を生み出すこと（*producere esse rerum*）〉なのだ。

被造物は存在（*esse*）を有しているという意味で存在するものなのだから、そこから神へと遡って、被造物の原因であるためには神自身は存在の純粋なはたらき、すなわち〈純粋な存在そのもの（*ipsum purum esse*）〉でなくてはならない、と言うこともできるだろう。〈存在（*esse*）〉の観念のトマス主義的な意味を理解するやいなや、神学と哲学という二つの道は、もはや一つの同じ道における二つの方向にすぎなくなる。ヘラクレイトスが言ったように、上りと下りは同じ道なのだ。この問題には後で戻ってくることにしよう。いまのところは存在の概念から出発し、創造の概念を掘り下げることで満足することにしよう。

知性の自然な歩みとは、結果から原因を判断することなのだから、まず、存在者を創造することとは、それを無から（*ex nihilo*）生み出すことである、と言えるだろう。トマス主義神学において、この表現はしばしば別の表現に置き換えられる。たとえば、「全的かつ普遍的な存在の流出（l'émanation de l'être total et universel）」であるとか、「非存在あるいは無からの存在全体の流出（l'émanation de l'être total, à partir du non-étant, qui n'est rien）」などである。これら二つの表現は、関連しあったものではあるが、正確に言えば真理の同じ側面を対象にしているわけではない。〈普遍的な存在の流出〉という表現は、次のようなことにしばしば注意を引きつける。すなわちプラトンやアリストテレスの哲学の場合、存在することを創造のはたらきに負っていないような存在者一般の概念が想定されるが、トマス主義神学においては、そういった観念に当てはまるものなど何ひとつない、ということである。聖トマスは、とりわけ質料のことを考えているのだが、どのギリシア哲学者も質料を創造されたものだとは考えなかった。キリスト教哲学においては反対に、質料は現実に存在するのだから、存在を有しており、それゆえ質料もまた、神の創造という全能の力による結果である、と考えられるのである。

この一つ目の表現の意味が、二つ目に挙げた表現の意味へとつながる。たしかに創造のはたらきは、存在者（étant）のうちに、〈存在する（être）〉という動詞の意味に当てはまるすべてのことを引き起こす。ただしこの動詞は、本来の深遠な意味においては、存在者をいわば無の外に定立するはたらきそのものを指し示しているのだ。創造のはたらきに固有な結果とは、まさにこの存在者のはたらき、すなわちその存在（*esse*）のことなのである。存在者（*ens*）を、その存在そのもの（*esse*）のうちに生み出すこと、それが無から生み出すということである。たしかに創造に先立つ理解可能なものとは、何らかのもの、何らかの存在者でしかありえない。しかし、定義上、すべての存在者は、存在を有しており、創造するということは存在を創造することなのだから、創造に先立つものもまた、創造されたものでなければならないだろう。最も深い意味において、創造するとは、存在全体（*totius esse*）を生み出すことなのである。なぜなら、創造のはたらきは、存在者の定義が含んでいるすべてのものにおいて、それらを存在する何ものかにしているところのもの、すなわち存在者（*ens*）の存在（*esse*）、へと真っ先に向かうからだ。有限なものにおいて、これよりも先立つものといえば存在しないものでしかない。しかし存在しないものはものですらない。それは何ものでもない。存在の無である。ここから聖トマスの表現が生まれてくる。創造と呼ばれる存在全体の流出とは、〈非存在から、無から（*ex non ente, quod est nihil*）〉生まれるものである、と（ST. 1, 45, 1）。

創造の作用（action créatrice）とはこのようなものであり、それはただひとり神にのみ属するものである。実際、それ以外の存在の創造の作用がもたらす結果とは、存在のあれやこれやの限定されたあり方を生み出すことである。人間という存在、木という存在、動いている存在などである。しかし創造は絶対的な意味で存在を生み出す。それはすべてのもののなかで最も普遍的な結果である。それ以外の結果は、存在の特殊なあり方でしかないのだから。さて、最も普遍的な結果は、最も普遍的な原因をしか持つことができない。それは神である。このことを聖トマスはしばしば一言で説明した。すなわち、存在は神固有の結果である、と。しかしあまりに簡潔なため、その重要さが見えにくくなっている。事実、神の固有の名前とは〈ありてある者（Qui Est）〉であり、すべての原因は自らに似せて結果を生み出すのであるから、創造された存在者は、それ自体がすべてに先立ってまず存在者であるという点で、神に似ているのでなければならないのだ。ほかのすべての結果は存在を前提にしているのだから、存在とは神の第一の結果である、という聖トマスが繰り返す主張は、こうして現れる。「創造する神に固有な結果というのは、他のあらゆる結果にあらかじめ前提されているところのもの、すなわち絶対的な意味での存在ということである（*Illud...quod est proprius effectus Dei creantis, est illud, quod præsupponitur omnibus aliis, scilicet esse absolute*）」（ST. 1, 45, 5）。しかしこのとき、神のみが存在を引き起こす、あるいは創造する力を持っているのだと言うのでなければ、存在を神固有の結果として定立することはできない。このような結論は必然的なものである。なぜなら第一の結果は第一の原因の後に起こるものだからだ。ところで第一の結果とは存在である。「第一の原因とは存在そのものであって、それは、他のあらゆるものに前提とされながら、それ自体は他のいかなる結果をも前提しない（*primus autem effectus est ipsum esse, quod omnibus aliis præsupponitur et ipsum non præsupponit aliquem alium effectum*)」。したがって第一の原因とは、存在を結果としてもたらすものでなくてはならない。この第一原因だけが自らの固有の能力（*secundum propriam virtutem*）に則って作用しているのである。このことは、この第一原因がほかの一切の原因と同じように、ほかのある原因の実効性を保持しているということを意味しているわけではない（QDP. 3, 4）。第一原因とは、創造を行うものであるがゆえに、すべての原因性の原因なのである。

ちなみに、実際に従っている原理とは異なった原理から導き出された結論に反駁しようとする論争の虚しさを指摘しておこう。神だけが存在を引き起こす、というトマス主義の命題は、さまざまな学派や、ときには同じトマス主義者たちのあいだでさえ、論争の場となった。称讃すべきバニェス〔十六世紀スペインのドミニコ会の神学者〕までがこの論争に引っかかってしまったのである。どうすれば原因が、存在を生み出すことなく、結果を生み出すことができるというのだろうかと人々は問うた。この疑問は正しい。しかしすべては問いを立てる形而上学の水準次第である。聖トマスは、存在者がほかの存在者を生み出しうることを否定したわけではまったくない。正反対に、聖トマスほど力強く、第二原因の固有の実効性を肯定した者は誰もいない。ただし、彼はまたそれに劣らず第二原因に対し、その結果の存在そのものを生み出す能力を認めることには断固として反対したのだ。神以外のすべての原因は、道具的な原因である。道具的な原因における存在というのは、第一原因から受け取った存在である。道具的な原因が持つ原因としての力は、質料に対して作用するのだが、その質料の存在もまた同じように第一原因によって与えられるのである。言い換えれば、諸原因の原因性は、神のみが原因たるそれらの存在を前提にしており、同様にその諸結果もそれらが生み出されるために、それらの質料や形相や存在論的構造に含まれるすべての要素が神によって創造され、神によって保持されていることを前提にしているのである。厳密にトマス主義的な用語で言えば（とはいえ聖トマス自身も常に従っていたわけではないが）、第二原因はその存在（*esse*）以外の、存在者（*ens*）のすべてを引き起こす。あるいは、これは聖トマスが好んだ表現と思われるが、第二原因は存在を原因するのではなく、あのような存在やこのような存在を原因するのである。聖トマスはこの点に関して妥協することはできなかっただろう。というのも、〈あれやこれやという特定のものとして捉えられるのではない（*non inquantum est hoc, vel tale*）〉存在を生み出すということは、絶対的な意味で存在を生み出すということのはずだから。それはもはや原因する（**causer**）というより、創造する（**créer**）ことだと言えよう。

創造的原因がもたらす結果の話に戻ろう。すでに述べたことだが、そのような結果とは、創造という原因が引き起こした存在そのもののことである。ここから、とても単純ではあるがきわめてよく間違って理解されている別の観念、すなわち〈分有（**participation**）〉の観念に到達することになる。分有することと、原因されて存在することとは、同じ一つのことである。創造された存在とは分有存在であると言うことは、それは創造されない存在すなわち神にとっての固有の結果であると言うことと同じなのだ。それゆえに、聖トマスはとても頻繁に、その移行をはっきりと説明することもなく、それ自体で存在者や存在の純粋なはたらきといった観念から、すべての存在者の原因、引き起こされて存在するものの原因、分有という仕方で存在するものの原因などといった観念へと移行する。そのような場合、聖トマスは自らの形而上学的かつ神学的な砦の奥で本当の素顔を見せているのである。聖トマスが絶えず引き合いに出す、「ほかのものによって存在するものは、その原因に対するのと同じように、それ自体で存在するものへと還元される」という原理の意味を発見するのはまさにこの第一概念の核心においてである。同時に、ほかのものによって、あるいは何らかの原因によって存在するものという概念は、分有という仕方によって（*per modum participationis*）存在するものという概念と一致することがわかる。最後に、創造されて存在するもの、あるいは分有して存在するものと、存在の純粋なはたらきたる神のトマス主義的概念とを結びつける関係がはっきりとわかる。「というのも、それ自体が存在そのもの（*ipsum suum esse*）であるような存在者（*ens*）を定立しなければならないからである。このことは、そこにいかなる結合も見られないような純粋なはたらきたる第一存在があるのでなければならない、ということから証明される。それゆえ、自らの存在そのものではなく、分有という仕方によって存在を有しているほかの一切のものは、この唯一存在によって存在しているのでなければならない」。創造とは聖トマスにとって自然的理性のみによって理解しうるものなのだろうかと問う人たちは、ここでその答えを見いだすことになる。われわれの神学者〔聖トマス〕が言うように、これはまさにアヴィセンナの議論なのだ（『形而上学註解』第八巻第七講、第九巻第四講）。そして聖トマスは結論づける。「それゆえこのように、一切は神によって創造されるということが、理性によって証明され、信仰によって支持された」（QDP. III, 5）。この同意は神学的なものである。

ここで、〈わかち持つ（*partem capere*）〉はたらきとして理解された分有の観念には警戒しなければならない。聖トマスは、絶対に正当化できないような用語でなければ禁じることはなかった。それゆえ彼はこの〈語源（**étymologie**）〉を見逃すであろうが、分有されるものと分有するものの関係は、彼の形而上学においては、原因と結果の存在論的な関係として理解されねばならない。このことを覚えておけば、たとえば第四の道のような、神の存在証明を解釈するときのいくつかの困難さは少なくなるであろう。というのも、トマス主義的な意味では、第四の道が活用する〈ほかのものによる〉と〈それ自体での〉との関係は、結果と起成因との関係、もしくはそれに還元されるものだからだ。これは形相的原因の次元における、類似性という仕方での分有についても同じである。もしも形相がまず初めに存在に属していなければ、形相自体は何ものでもなくなってしまうからである。一切の原理には、原因たるそれ自体での存在と、ほかのものを原因にして引き起こされた存在者がある。したがって、存在するものであること、第一原因の結果であること、それ自体で〈存在（Être）〉を分有していることは、一つの同じことなのである。これらの概念をすべての意味で見通し、それぞれがお互いを生み出しあうことを理解し、そしてそれらを一つの観点から、唯一の真理であるかのごとく捉えるよう努力しなければならない。

このように諸概念が複合していることを思い起こさせる表現は、容易に識別できる。たとえば、以下のような表現である。分有という仕方によってかくのごとく存在しているものはすべて、普遍的かつ本質的にかくのごとく存在しているものに依存している（「そこでもし現実に自体的に存在する一つの色があるとしたら……（*unde si esset unus calor per se existens...*）」という有名な形而上学的仮説がしばしば引き合いに出される）。あるいは、「分有によって存在しているものは、本質的に存在しているものより後のものである」。そしてとりわけ「分有によってかくのごとく存在しているものは、本質によってかくのごとく存在しているものによって引き起こされる」。こうした命題はすべて、しばしば同時に生まれる。その結果、すべての存在者は神によって創造されるということの証明は神の存在証明に帰着する。そこでは、先行するすぐれた形而上学者たちの——不完全ではあるが正当な——すべての形而上学的直観が、存在の純粋なはたらきの光のもとで、その完成された姿を見いだすのである。聖トマスは、プラトンもアリストテレスも〈非存在からの（*ex non ente*）〉創造という観念を説かなかったということをはっきりと知っている。神学者たる聖トマスは、神の視点と類似した一つの視点からすべてを考察し——〈いわば神の知の刻印のごときものとしての聖なる教え〔神学〕として（*ut sit sacra doctrina velut quædam impressio divinæ scientiæ*）〉——、プラトンたちに対して固有の真理を覆い隠していた闇をその眼で見破った。自らの思想によってギリシアの形而上学者たちを絶え間ない一つの流れで概観し、それを大胆に乗り越えていく彼自身のなまの姿を見ておく必要がある。ここで問題となっているのは哲学者たちが理解するような哲学史ではない。自らも聖書の光、〈導きの星のごとく（*velut stella rectrix*）〉を追う神学者によって導かれた、真理への共同の歩みのようなものなのだ。その言葉に耳を傾けよう。

それぞれ存在者は、どのような仕方であれ、神によって存在していると言わねばならない。実際、ある物は、それが何においてであれ、分有の仕方で存在するのだとすれば、それは必然的に、それが本質的に適合するところのものによって引き起こされているのでなければならない。あたかも鉄が火によって赤熱するように。ところで、すでに見たように（q. 3, art. 4）、神の単純性を扱いながら、神はそれ自体で自存する存在そのものである。そのうえ、自存する存在は、唯一のものでしかありえないということも見た（q, 11, art. 4）。もしも白さというものが自存するのなら、白さは唯一のものでしかありえないだろう。そして白さは、白さを受け取る〔さまざまな〕基体に応じて、複数化することだろう。これと同様に、神でないすべてのものは、その存在〔そのもの〕なのではなく、存在を分有しているのである。したがって必然的に、存在の分有のさまざまな仕方によって多様に変化する一切のもの――存在はそれらを多かれ少なかれ存在させる――は、最も完全たる第一かつ唯一の存在者によって引き起こされているのでなければならない。このようなわけでプラトンは、ありとあらゆる複数性に先立って、一性（unité）を定立せねばならないと言ったのであり、またアリストテレスは、『形而上学』（第二巻第二講）において、最も存在し最も真であるものとは、最も熱いものがすべての熱を引き起こすのと同じように、すべての存在者とすべての真実の原因である、と言ったのである（ST. I, 44, 1）。

かくして、『神学大全』において、四十以上の問いを経たのち、普段は最低限の大まかな論証に単純化されている五つの〈道〉のうちの一つが、思いがけず、存在の哲学として、〈存在（*Esse*）〉の神学として、創造と分有と原因性の形而上学として、姿を現すのである。聖トマスの神学的観点とはどのようなものであるかということをこれ以上うまく示すものはない。この観点からは、さまざまな真理がお互いを含みあうかたちで与えられる。それは、そのさまざまな真理の存在が、〈存在（Être）〉によってしか理解されないことにも似ている。

つまり、理性による論証は、着実で漸進的な努力によってしか第一原理の豊かさを掘り起こすことはできないのである。論証のプロセスは、入口そして通路を拓き、最後に熟慮を通じて統一的な視野をもたらすために要求されるものである。その統一的な視野においては、理性が分離せざるをえなかったものが、知性の獲得する単純な視野のもとで再統一される。それは、あらかじめ簡単に箇条書きにして予測しておいた富とはもはや別物である。また、隠されている財産の多さを目の前に提示してみせることでもない。そうではなく、存在の一性を、思考の運動によって再構成することなのである。それはまるで、視覚が白い光のもとで色のスペクトルを見失うことなく再統一するようなものだ。

それゆえ諸原理の内部で思考を行おうと努力する者は、不毛な論争――神へ向かう道の数や順序についての、またそれら各々の道がほかの道とは区別された論証であるのかどうかの、そして『神学大全』における論の展開のなかで神の存在証明が本当に達成される正確な地点はどこなのかなどについての論争――に巻き込まれずにすむだろう。存在の仕方の数だけ、神へ至る道があり、そうした道のうちのどれが展開したとしても、形而上学そのものであるような無限へと至ることはできるはずだ。

〈存在（Être）〉は無尽蔵である。

自分たちの思索の糸を辿ってみることにしよう。それ以外の方法はわれわれには不可能なのだから。「被造的存在はいずれも、いうなれば、存在の本性を分有している（*Quodcumque ens creatum participat, ut ita dixerim, naturam essendi*）（ST. 1, 45, 5, 1^m）。この〈存在する本性（*natura essendi*）〉とは、神のことでなければ何だというのか（アンセルム『モノロギオン』第三章）。それは、きわめて特殊な本性によって創造された宇宙である。というのも、特殊な存在者はそれぞれ、それが存在するものであるかぎり、部分が全体に似ているという意味ではなく、結果がその起成因に似ているという意味で、神の存在の本性を分有しているからである。第二存在は、自分を創造した者と同じ本性を持つ作用によって創造され保持されており、自分が存続している各瞬間、神の力のおかげでのみ存続しつづけているのである。この考え方をよく理解すれば、一連の新たな結果に向き合うことになる。そして文字どおり最も神聖な性質を帯びたトマス主義的宇宙の核心へと導かれるであろう。

かくして神は各々の被造物の存在に、直接的、本質的に、そして密接に現前しているということが明らかになっていく。

神の第一の結果は、存在者の存在そのもの（l'être même des êtres）である。したがって神の実効性（efficace）は直接かつ即座に被造物に触れる。なぜならまず、創造するということが神に固有の方法である以上、神という原因と被造物という結果とのあいだには何も介在しないからだ。さらに、被造物の側からすれば、一番初めに存在を受け取ることなしに受け取れるようなものは何もないからである。存在のありとあらゆる個別的規定は、こうした存在そのものを前提とする。それゆえ神が自らの実効性によって、自らの生み出した結果の各々に対し、即座に現前しているということは確実である。

しかし神において、実効性、能力、意志は、神の本質そのものである。神の実効性があるところには、神の本質がある。「神の力があるところにはどこでも神の本質がある（*ubicumque est virtus divina, est divina essentia*）」（QDP. III, 7）。したがって、神はその本質そのものからして存在者に現前している、と言うのは文字どおり正しいのだ。それにわれわれはこうした結論を、創造というものが聖三位一体においては神の存在（*esse*）そのものたる本質にのみ属するということからも、導き出すことができただろう。だから以下のようないくつかの立場にはお互いに連続性がある。すなわち、神とはその存在であるということ。あらゆる起成因は自らに似たものを生み出すのであるから、〈存在（Être）〉に固有なはたらきというのは、存在を引き起こすことだということ。被造的存在は創造する〈存在（Être）〉を分有しているということ。最後に、創造する〈存在（Être）〉は、それのおかげでのみ存続できているような、創造されて存在するものに対し、自らの本質によって現前しているということ、である。

こうした諸命題のつながりは、存在（*esse*）の概念がこの神学のなかで演じる唯一の役割を明らかにしてくれる。この存在（*esse*）の概念の原型やモデルとは、いわば「出エジプト記」のなかで自らの名前を啓示する神自身だ。聖トマスの学説におけるこの中心点には、しばしば戻ってこなければならない。精神が存在を、それ自体で充足するような純粋な状態で——余分に付け足された本質の不純物もなく、たとえその純粋な存在を支えるためや一緒に存在者を構成するためであったとしても、いかなる基体を加えることもなしに——、理解するよう努力するのでなければ、存在の正確な概念を形成することはできないのである。言語には限界がある。しかし言葉がうまく言い表せないものであっても、それを正確に考えることはできる。言語が到達可能な極点というのは、形而上学が、本当は神とは〈存在者（*ens*）〉ではなく、〈純粋な存在そのもの（*ipsum purum esse*）〉のことだと思い切って言おうとするときに到達されるものなのである。

このようにして、有限な存在者は、存在するところのものと、純粋に自存する存在を結果として分有しているものとが結合したものである、といっそう明確に理解されることになる。存在とは、われわれ被造物において、本質とはまったく異なったものであらねばならない。なぜなら〈存在（Être）〉

以外の何ものでもないような存在があるからだ。たしかに、有限な存在者の直接的な考察は、その偶然性を証明するのには十分である。しかしここでは、この偶然的存在の形而上学的構造そのものが問題なのである。というのも、すべてのキリスト教神学は、有限な被造物の偶然性を説いているが、一つの神学〔トマス主義神学〕だけがこの偶然性の根を、被造物を存在させているはたらきは、被造物の内部においては純粋かつ単純に、〈存在（Être）〉であることができない、という点に見いだしたからである。形而上学のすべての基本的命題はここから次々に流れ出す。存在するところのもの、ただし〈存在（Être）〉ではないものというのは、創造を行う本質の即座の現前なしには一瞬たりとも存続しえないからである。宇宙はさまざまな本質から成り立っている。その本質のどれも〈存在（Être）〉ではないのだけれども、それら本質のすべては、〈ありてある者（Celui Qui Est）〉〔神〕の結果であるかのごとく、無の外に存在し存続しているがゆえに存在者なのである。

この教義には形而上学的な節度があるものの、その偉大さに驚かされる。多くの人たちが、聖トマスの教義は心に訴えかけてくるものがないと非難する。しかし彼らは自分たち自身が言っていることを理解していない。心から訴えるためには、あるいは心に訴えるためには、まず心を持っていなくてはならない。たとえ情緒や感情の次元――それ自体は正当な次元である――に話を限定したとしても、神の実効性に満たされ、自分はその結果以外の何ものでもないと感じるだけでは満足できないような心など、本当に心と言えるのだろうか。原因に対して、自らの存在そのものまで依存しているような結果ほど、原因に対して密接に依存しているものはないだろう。このようなわけで、われわれは、神のうちで生き、動き、存在しているのである。われわれが現実に存在することをやめるには、神がわれわれを求めるのをやめるだけで十分であろう。心や意志の依存を排除するどころか、それらを含み基礎づける、このような存在に関する全面的な依存の感情で満足できないような信仰心は、きわめて不幸なものである。存在に関する全面的な依存とは、ありとあらゆる依存の中で最高のものだ。有限な存在者の内部において、神は、その実効性、すなわち存在者に対する〈存在（Être）〉の純粋な現前を通じて寝ずの番をしている。そうして存在者は、〈存在（*Esse*）〉のおかげでのみ存在者（*ens*）たりえているのである。

　そのうえ、このような存在の形而上学が、愛の形而上学を排除することなどまったくない。というのも、神が自然や人間を愛しているのでなければ、どうして神はそれらを求めたというのだろうか。これらの考察の先にはすでに確保された場所があり、考察を始めれば、何も失うことなく世界とそれらを基礎づける神の視点を確立する。キリスト教徒が生きる宇宙は、それが何ものかであるための本質そのものに至るまで、神によって住まわれている。このことを理解しなければ、神と被造物の活動とのあいだのつながりや、恩寵の構造（économie）に関して、師〔聖トマス〕の教えを直接的に決定している命題も含め、神学のさまざまな根本命題の意味を見逃す危険性があるのだ。

　したがって、こうした結論の意味を考え抜く努力するのに、丁寧すぎるだとか頻繁すぎるといったことはない。その結論の価値は、十全な意味を与え損ねるやいなや、消滅するほどに擦り減ってしまうのである。神はすべてのものにおいて存在している。なぜなら神はすべてのものにおいて作用しており、神は〈存在者があるところならどこでも存在しているからである（*ubicumque operatur aliquid, ibi est*）〉。神が存在者に対して及ぼしているものとは〈存在（*Est*）〉である。神は自分自身が存在しているがゆえに存在を与えるのである。神は諸物のうちに、それらが存続しているかぎり、この結果を創造し保持する。あたかも太陽が空気のうちに、日が照っているかぎり、光を引き起こすのと同じように。それゆえ物体が存在を有しているあいだ、神は、その物体が存在を有している仕方に応じて、その物体に現前しつづけるのでなければならない。そのほかの完全性はそれぞれの価値を持ってはいるが、この存在という完全性なしには何一つ存在しない。神が被造物において第一に現前しているところのこの存在という完全性は、したがって、被造物において最も内奥にあるものである。つまり、存在そのものである神は、存在者に対し、核心そのものにおいて接しているのである。「したがって、神はあらゆる事物のうちに、しかもその内奥に存在していなければならない（*unde oportet quod Deus sit in omnibus rebus, et intime*）」（ST. 1, 8, 1）。

存在のはたらきの原因性に基づいた神学とはこのようなものである。これ以上単純なものはない。神は本質からしてすべてのもののうちに存在している。神がそれらを存在させる原因として、それらに対して現前するかぎり。「神は存在の原因としてあらゆるものに現前しているかぎりにおいて、本質を通してあらゆるもののうちにある（*est in omnibus per essentiam, inquantum adest omnibus ut causa essendi*）」（ST. 1, 8, 3）。宇宙に関するそのほかの真理はそれぞれの重要性を持ってはいる。しかし一切は、この存在としての神という真理の後に続くものである。なぜなら神は、存在者があるところならどこにでも現前しているからであり、神がいないところには何も存在しないからである。これらの真理を、まずはそれぞれそれ自体で、続いて神の固有の名前〔ありてある者〕から出発してさまざまな真理が生まれてくるようなプロセスの全体で、考えるように慣れていく必要がある。ただそのときにのみ、宇宙それ自体がなぜ存在するのかだけでなく、何であるのかということも含めた秘密を開示しはじめるのである。

第九章　存在と本質

L'être et les essences

……さまざまな存在様態からさまざまな存在の諸階梯が構成される（CG. I. 50, 7）。

宇宙の現実存在（existence）は神の現実存在がなくては知解不可能であるが、一度神を存在の純粋なはたらき（acte pur d'être）として措定するやいなや、理性は宇宙の現実存在を説明するために困惑することになる。宇宙は神がなければ十分なものではないが、神は宇宙がなくても十分に満ち足りている。すでに無限のはたらきとしてそれ自体で措定されている〈存在（Être）〉以外に、他の事物の可能性をどうすれば考えることができるだろうか。

この問いに対して単純かつ明晰な答えを期待すべきではない。理由の一つには、その問いが存在に関わるからであり、さらにまた神の自由という神秘にも関わっているからである。これこそ、この問いの正しい理解を見失わないためのもう一つの理由である。探究の出発点となるのは、人間が一部をなしている自然の世界であり、だからこそ人間は自分の現実存在の第一原因を必要とするのであり、哲学者たちは神の存在へと至る主要な五つの道を見つけたのである。さらなる困難がわれわれを待ち受けていようとも、純粋で、無限で、完全に単純なる〈存在（Être）〉の現実存在と、ほかのあらゆるものの原因を否定することはできない。この宇宙が存在するのだから、このような存在による産出はたしかに可能なのである。問題として残るのは、この可能性の論拠を探究することである。

乗り越えられるべき困難は、ここで扱われている神学〔トマス神学〕においてはとりわけ重大なものとなる。そこでは、第一原因が本質の次元を超越しているのである。ここでの問題は、異なる本質が付加されることができないような存在（*esse*）から、いかにして本質が流出して、存在と合成体を構成しうるのかということである。問題がこのように表現されると、われわれは答えを探究すべき方向が見えてくる。もし神が、本質の次元に、たとえその頂点においてであれ、置かれるならば、神の外部に被造物の世界を見いだすことは、不可能ではないとしても、きわめて困難になってしまう。無限なものに何も付加されることはありえないし、またそこから差し引かれることもない。ライプニッツが述べたように、「一つの神だけが存在し、そしてこの神だけで十分なのである」。われわれはそこに次のように付け加えることもできる。〈神はそれ自体で満ち足りている（il se suffit）〉と。しかしここで、われわれは、神の概念が、全被造物を包含する本質の次元をまったく超越しているということから出発する。ここから神と被造物のあいだには、付加や削減といった問題は生じないことを結論することができる。諸存在者（*entia*）と〈存在（*Esse*）〉は共約不可能なのである。ここでは想像力の幻影が避けられるべき疑似問題を作り出してしまっているのである。

問題の根底にまで沈潜すると、理性はすぐさま次のように確信するようになる。つまり、これは、明晰かつ判明な観念からなる形而上学では、満足できる解決に到達しがたい困難の一つなのである。精神は何性的な（quidditatif）概念を糧にしていて、その概念の対象は本質なので、精神は、一方が本質で、他方が本質を超えるような二つの項のあいだの関係を、満足できる用語で表現することができない。精神はたしかに存在のはたらき（acte d'être）を概念把握するが、その概念は何性的なものではない。何性的な概念となるものがあっても、それは、定義された存在へと至るような場合だけだからである。本質と存在との関係という問題を扱う場合、したがって精神は、初めから内容が完全には表象にもたらしえないような結論で諦めるべきなのである。われわれにおける存在の表象不可能性は、神が表象不可能であることによって投げ与えられた陰のごときものなのである。

するとわれわれに残されたのは、本質を存在のなかに吸収しながら、本質を超越するものからいかにして本質が生じるかを探究することである。現代の哲学者は、昔の形而上学者を、存在（l'être, *das Sein*）の問題に明確に取り組むことなく、存在者（l'étant, *das Seiende*）の問題に滞留しつづけたとして批判している。たぶん、われわれはこの批判の正確な意味を誤解してきたのだろう。というのも、プラトンからトマス・アクィナス、そして現代に至るまで、最も深遠な形而上学者たちは、本質の起源と原因に至るためには、本質の次元を超えていく必要性を感じてきた、ということがわれわれにはむしろ真理と思われるからだ。他の事情がどうであれ、存在（*esse*）の形而上学とは、存在者の次元に留まることを明確に拒否し、存在の起源となる存在の次元へと邁進する存在論の典型例である。たしかに、いったん形而上学者がその場に足を踏み入れれば、存在者の言語（langage de l'étant）を用いないで存在（être）を語ることを避けたりはしないが、そのことで彼を非難する人たちはまさに同様の誤りを犯すことになる。もし誤りが一つであったならば、彼らは同じ誤りを犯していることになるだろう。しかしそれは同じ一つの誤りだというわけではない。誤りとなっているのは、ただひたすら以下のことだ。つまり、今こそ存在（*Sein*）を語る好機であると言うかわりに、明日になったらそれについて真面目に語ることにしようということなのだ。知性は、本質の用語（langage de l'essence）という、一つの用語しか持っていない。本質を超えてあるものについて誰も語ることはできない。ただ、本質を超えるものがあることと、本質を超えるものが他のあらゆるものの源泉であることは別だが。しかしその本質を超えてあるものを知ることと、それについて語ることは必要である。というのは、本質を存在と取り違えることは、形而上学を脅かす誤りの最も深刻な原因の一つだからである。形而上学者の反省の頂点は、存在者が存在の分有としてしか考えられないときに与えられる。存在そのもの、存在がはたらきをなしているところの存在者の本質に巻き込まれている仕方でなければ、その姿は捉えられないのである。

問題がどのような方向から見られようと、本質が、存在の希薄化、伸展、いわば分散のごときものであるという結論を避けることはできそうにもない。存在を持つ対象を目の前にするかぎり、存在そのものの次元よりも下に位置することになってしまうのだ。というのは、〈存在するかぎりの存在（l'être en tant qu'être）〉については、唯一つしかないし、特定の存在でしかないもの、存在に内属すること（de l'être）は、本質によって定義されるものなのであるから、〈存在からの諸存在者の流出（*emanatio totius esse universalis*）〉は、必然的に落下（descente）として生じているのである。困難であるのは、それはおそらく不完全な仕方でしか可能ではないということなのだが、存在の純粋なはたらきである原因から、第一の本質が分離する瞬間に、何らかの仕方で源泉にあるものとしてのはたらきの本性を見きわめることなのである。

問いへの答えは、一般に、神の知性の概念、つまり諸本質の原型そのものである〈イデア〉の場所の概念から導かれる。その答えは、いかなる疑念の余地もない正しい答えであるし、聖トマス自身、聖アウグスティヌスに従って、神の〈イデア〉の本性について明確に教えたことに沿って正当化されるものではある。しかしながら、根本的に見ると、聖トマスが〈イデア〉について述べたすべてのことは、彼の考えでは真にトマス哲学と言えない哲学言語に対して付け加えられた譲歩でしかないと言っても言いすぎではないだろう。それが聖アウグスティヌスの神学的権威を再認識することだったのは疑いない。

実際、『対異教徒論駁大全』(CG. I, 44-71)における問題の解明の様子と議論を見ると、神のイデアという概念は背景に引き下ろされている。このことは第五十一章と第五十四章に手短に論じられている。そこで問題となっているのは、認識された対象の多数性が神の知性においては一性(unité)を失うことなくいかにしてありうるのかをめぐることだった。しかしその際、聖トマスは、聖アウグスティヌスが用いる工夫を、〈プラトンの見解をある程度救うため〉のものとして言及しているにすぎない。聖トマスの述べるところでは、神の知性に合成を持ち込むことを避けるために、神の外部に、それ自体で存立する可知的形相(formes intelligibles)として、〈イデア〉を置いたのである。しかしひとは一つの不都合を避けて、かえって多くの不都合に出会ってしまう。というのも、第一に、そうなると神は自分の本質以外の対象を認識しなければならなくなるから、神の完全性は自分以外の他のものに依存することになってしまうが、これはありえないことである。さらにまた神の本質でないものはすべて神の本質によって原因されたのであるから、可知的形相も神によって原因されねばならないし、そして神はそれらを認識することなくそれらを原因することはできないから、神がそれについて持つ認識は可知的形相に依存することはありえず、神にのみ依存することになる。いずれにせよ、神が事物について有する認識を説明するのに神の外部に〈イデア〉を措定しても十分な説明にはならない。神が事物の形相を認識するためには、それらの形相は神の知性のうちになければならないのである。したがって、プラトンが示した問題解決法は有効ではないのだ。聖トマスの『対異教徒論駁大全』においては、その書をどのような仕方で理解しようとも、プラトンの〈イデア〉の考えを用いることが必要であるとは判断されなかったように思われる。

実際のところ、神の固有の原理から必然的に発出するもの、固有の原理と一致する概念に何ら依拠することなく、先述の問題に関する真理を説明することができるという意味では、聖トマスはプラトンの〈イデア〉を必要としなかったのである。神は第一の動者である。つまり、自ら動くもの、またはまったく不動のものと捉えようといずれであっても、神は叡智的なものでなければならない。実にいずれの場合でも、神は欲せられたものであるかぎりにおいて、したがってまた認識されたかぎりにおいて、神は動かしているのである。第一の動者である神が認識する力を備えているのでなければ、神が動かしている他のものが認識することはありうるはずもない。しかし、むしろここでは神の単純性（simplicité）という大原理に立ち戻ろう。知解することの知性に対する関係は、存在の本質に対する関係に等しい。しかし、存在は神の本質であり、したがって神の知性はその本質であり、この本質は存在なのである。聖トマスの語ることに耳を傾けよう。簡潔さにおいて、聖トマスを凌駕することは至難のことだろう。「神のうちにあるところのものは神の本質である。ゆえに神の知解作用は神の本質、神の存在、そして神そのものである。というのも、神はその本質であり、その存在だからである（*Quicquid enim est in Deo, est divina essentia, Intelligere ergo Dei est divina essentia, et divinum esse, et ipse Deus: nam Deus est sua essentia et suum esse*）」（CG. I, 45, 2）。

このような理論において、〈イデア〉は何をしなければならないのか。ヨハネス・ドゥンス・スコトゥスは適切な仕方で次のように述べることになる。つまり、神学者は、〈イデア〉の概念に言及することなく、神が諸事物について有する事物に関する認識の真理について、きわめてうまく説明できると述べた。このことは、少なくとも聖トマスの教説には当てはまる。実際のところ、なぜひとは神のうちに〈イデア〉を措定してしまうのだろうか。イデアによって、神がいかにして被造物を認識するかを説明するためにである。しかし、神は自らの本質であり、存在であるところの知性によって認識する。聖トマスが力強く述べるように、すべての認識が可知的形象（espèce intelligible）によって生じるということを望むのであれば、神の本質は可知的形象であることになる。「神のうちに神の本質以外に可知的形象があることは不可能である（*impossible est quod in ipso sit aliqua species intelligibilis præter ipsius essentiam*）」、さらに「したがって、神が認識するのは自らの本質であるところの形象によってなのである（*non igitur intelligit per aliquam speciem, quæ non sit, sua essentia*）」（CG. I, 46, 4 et 5）。

そこから次のような驚くべき帰結が生じる。もし神の認識に関して可知的形象を語りたいのであれば、それらの一つしか神に帰すことはできないという帰結が。聖トマスは、認識の作用に関する最も透徹した分析において（CG. I, 53, 3）、次のことに注意を促す。知性は、まず認識された対象から来る形象によって触発されて、その対象を認識する場合、続いて自らのうちにその対象について可知的形象を形成し、その後でこの形象によって、その当の対象の志向概念（intention）を形成するのである。この志向概念は、定義が表示する可知的概念（notion intelligible, *ratio*）である。認識された志向概念、ないし形成された概念は、したがって可知的形象が原理となっている知的作用の対象項なのである。かくして、可感的対象とその形象によって知らされた知性は、それ自身可知的形象を形成し、そしてこの形象によって豊かなものとなり、対象の可知的概念、その志向概念を形成するのである。

われわれが神の知解作用を捉えるとしても、われわれ自身の知解作用について知っていることから出発するほかに途はない。したがって、神もまたその知性のはたらきによって事物を認識し、その概念の形成を可能にする可知的形象によって事物を認識すると語られるのである。もっとも、神の場合は神の知性は神の本質ではあるのだが。また同じ理由で（つまり、神の完全な単純性ということで）神の知性のはたらきは神の知性と同一であり、そして神の本質とも同一である。その結果（いつも同じ理由によってなのだが）可知的形象、知解作用の形相的原理は神においては知性とそのはたらきと同一であり、知性とそのはたらきは本質と同一であり、最終的には、本質は神においては存在と同一であり、神において存在と認識は一つの同じことになるのである。すなわち、「神の知解作用はその存在である（*intelligere Dei est ejus esse*）」。

もう少し熟考を続けてみると、「出エジプト記」における神の最初の概念が決定的な役割を演じていることに気づくだろう。神が自らの本質とは別の可知的形象によって認識しているのであれば、神はその本質とは別のものを介して認識をしていることになってしまう（CG. I, 46, 5）。これこそ、継起的に存在（*esse*）へと還元していくこと、しかも神学的推理が命じる絶対的に厳密な仕方でなされる還元なのである。「したがって、もし（神が）自らの本質ではないある形象によって認識するとすれば、その知解は神の本質とは異なるものを介して生じることになるが、これは不可能である（*Si igitur intelligeret*（*Deus*）*per aliquam speciem, quæ non sit sua essentia, esset per aliquod aliud a sua essentia, quod est impossibile*）」。しかし同時にこのことを通じて、トマスの教義においては、〈神的イデア〉という概念が、それほど不可欠のものではないことがわかるだろう。トマスの神学は、プラトンの用語ではなく、アリストテレスの用語を使って語る。さらに、アリストテレスの用語でも、いま扱っている問題では、可知的形象というあまりアリストテレス的でない教義が論じられている。したがって、アリストテレスに次のように語らせなければならないだろう。つまり、神について断固して語ろうとすれば、神は自らの本質を通してしか認識しないのだから、神は唯一単独なる〈認識された志向概念〉によってすべてを認識することになり、そしてこの志向概念は神の〈御言葉（Verbe）〉であり、神の本質そのものであるということになる、と（CG. I, 3, 5）。要するに、〈イデア〉の用語で語ろうとすると、神という唯一者しか存在しないことになってしまうのである。

実際のところ神だけで十分である。というのは、神は存在し、そしてこの存在するということが、神は自らについて持つ認識そのものだからである。そしてこの認識は同時に現実的であれ可能的であれすべての結果の認識でもあるので、神が有する、神がそれであるところの本質の認識は、神が原因である、ないし原因でありうるすべてのものの認識を含んでいるということは文字どおり真なのである。神は、したがって、その存在そのものにおいて、個物（singulier）の可知的概念である。「神は諸個物の本来的規定になっている（*ipse*（*est*）*propria ratio singulorum*）」。ここにこそ形而上学の重要なテーゼの十字路にあるのだが、その場所では、他のテーゼがそのテーゼと歩みをともにすることがないまま、その一つだけを用いることは不可能であるから、神の認識が諸存在者の構造について教えてくれることに眼差しを向ける絶好の機会を逸しないようにしよう。神の本質は絶対的な仕方で存在するものであるから、神の本質は無限に多くの可能的形相を含んでいて、その各々が、それ自身であるかぎりで、一つの完全性となっており、神のごとき真の存在ではないという点は除いては、いかなる不完全性も含んでいない――「真の存在が欠如しているかぎりでは（*secundum quod deficit a vero esse*）」（CG. I, 54, 4）。諸本質は存在（*esse*）の純粋なはたらきの有限にして欠如的な近似でしかないのである。

この『大全』第一巻が話しかけている異教徒以外に仮に対話者がいなかったとしても、聖トマスは同じ語り方をするだろう、というのも、聖トマスは彼らに特有の用語、つまりアリストテレスの用語で話しかけているからである。同時にアリストテレスの用語であるとしても、聖トマスが自分の考えを直接表明することが自由にできたり、何らかの仕方で自分自身と対話していると言える場合には、アリストテレスの用語もトマス独自の用語となっていると言ってよい。他のいかなる著作においても、聖トマスは、いま取り上げた見解にふたたび立ち返ることがある場合、いま述べた考えから何であれ削除したり、それどころか変更することもしなかったのである。『神学大全』第一部第十四問は、いま扱った問題をふたたび取り上げ、いやそれどころか話を発展させている。すなわち、神は認識し、自らを認識する、神は自らを把握し、神の知識は神の実体そのもの、言い換えれば神の存在にほかならない――「したがってすでに述べたように、神の本質はまた可知的形象でもあるのだから（*unde cum ipsa sua essentia sit etiam species intelligibilis, ut dictum est*）」（ST. 1. 14. 2）、「必然的に神の知解作用は神の本質であり、神の存在であることが帰結する（*ex necessitate sequitur, quod ipsum ejus intelligere sit ejus essentia et ejus esse*）」（ST. I, 14, 4）。

しかし、次の問い「イデアについて（*De ideis*）」（ST. I, 15）において、新しいパースペクティブが現れているように見える。聖トマスが言うには、神の知識について扱ったが、まだ〈イデア〉を考慮に入れる仕事が残っている。しかし、なぜなのか問いたくなる。すでに神が個体について持つ知識を、あらゆる意味において究極の根拠――存在そのもの（*ipsum Esse*）――の上に基礎づけたのだから、なぜその教義に、そういった〈イデア〉のために設えられた、いわば思想の張り出し部分を付け加えてしまうのか。〈イデア〉はあるのか、〈イデア〉は複数あるのか一つしかないのか、神の知の対象となるものすべてに〈イデア〉はあるのか、そのようにいくつもの問いを投げかけたくなる。

答えは、三つの問題のうち、第一問の「反論（*Sed contra*）」のところで与えられている。しかり、諸イデアは神の思想のうちに措定されなければならない。というのも、聖アウグスティヌスによれば、諸イデアはきわめて重要であって、それらを理解しなければ、その人は賢明たりえないのである（『八十三問題集』第四十六問）。言うまでもないことだが、われわれは神学のなかにおり、そこではアウグスティヌスが大きな権威となっている。ボナヴェントゥラ〔一二二一年頃～一二七四年。聖トマスと同時代に生きフランシスコ会学派を代表する神学者〕は、数多くの神学者のなかでも、アウグスティヌスの範型主義を、キリスト教存在論、認識論、倫理学が成立する必要条件とみなし、神学的真理の中核に置いている。神は自らが有する諸イデアによって、われわれにとって〈存立の原因、知解の根拠、生の秩序（*causa subsistendi, ratio intelligendi et ordo vivendi*）〉となっている。われわれは、アウグスティヌスという偉大な人物によって認められたこの教義を排除したり閑却しようとしているのだろうか。もちろん、そうではない。必要であろうとなかろうと、その教義が正当なものであることを示すことで、諸イデアに場所を与えてやらなければならないのだ。

一種の哲学的モザイクにさらにもう一つの断片を加えても問題にはならないことにここで注意を払っておこう。聖トマスは別の目標を考えていた。神学者〔聖トマス〕は、アウグスティヌスの〈イデア〉の教義が、厳密な哲学真理といかにして一致しうるのかを示すことを自らの課題としており、その点では一歩も譲らなかったのである。トマスはここではアウグスティヌスの思想を引きずっているのである。このことは、第十五問「イデアについて（*De Ideis*）」（ST. I, 15）において明確に示されているアウグスティヌス−プラトン的な張り出し部分の様子を見ればすぐにわかる。〈イデア〉は形相を意味する。形相は、事物におけるように自然的状態にあるか、または観照する知性においてのように自然的事物の形相の似姿としてあるか、または最終的には実践的な知性におけるように作り出されるべき事物のモデルとしてあるかのいずれかである。家の形相があるとしよう。家を見る人の知性によって知られる家の個別的な形相もあるし、また家を建てようとしている建築家の精神によってあらかじめ考察されている家の形相もある。聖トマスはここで適切な提案を行う。つまり、〈イデア〉という語は、むしろ存在の第三の様態にある形相のために保存されておくべきだと。聖トマスは、絶対的な仕方で語れば、〈イデア〉を神に帰属させると、神に実践的な〈イデア〉ばかりでなく思弁的な〈イデア〉をも帰属させるようになることを、気づいていた。プラトン、プロティノス、アウグスティヌスの〈叡智的太陽〉は、計画（projet）、思考をも有するような存在であった。聖トマスは、自分の教義がアウグスティヌス主義の真理を卓越した仕方で含んでいること、そして自分の教義であれば〈イデア〉なしでも済ませられることを十分知っていた。神は完全に自分の本質（これは神の存在(*esse*)である）を知解している。ここから、神はそのことを、知解のあらゆる可能なやり方において知解しているのである。「神の本質は、それがそれ自身においてあるところに従って認識されることができるのみならず、また、それが何らかの類似という仕方で被造物によって分有可能なものであるかぎりにおいて認識されることもできる。だが、それぞれの被造物がその固有の種を有するのは、それぞれが何らかの仕方で神の本質への類似性を分有しているかぎりにおいてである。かくして、だから、神が自らの本質を、かくかくの被造物によるこうした仕方での模倣可能なるものとして認識するかぎり、神は自らの本質を、こうした被造物の固有の理念として、つまり〈イデア〉として認識するのである」（ST. I, 15, 2）。言い換えると、神の〈イデア〉を、以下のような認識、つまり、神の本質が、個別的な有限本質によってそれが模倣される可能性について有している認識であると言うこともできる。したがってアウグスティヌスの〈イデア〉の教義は正しいのである。しかし、このことはあらかじめ知られていたと言える。というのも、神の知性は神の本質そのものである以上、神の本質と、神がその本質について有する認識は同じものであるから。その結果、神が存在することと、神が現実的であれ可能的であれあらゆる有限な被造物の〈イデア〉であることは、まったく同一のことになるのである。このことは〈イデア〉という語が固有の意味を持たないことを言おうとしているのではなく、固有の意味では神の本質そのものに何の影響も及ぼさないことを言いたいのである。神は神の〈イデア〉を持たない。神が知る〈イデア〉の複数性は事物における本性の複数性にすぎない。「イデアは本質であるかぎりの神の本質を指示することはない（*idea non nominat divinam essentiam inquantum est essentia*）」（ST. 15, 2, 1^{m}）。このように聖トマスは、自分の思想を聖アウグスティヌスの思想に合わせるのではなく、聖アウグスティヌスの真理を歓迎し、そのために場所を作ってやっているのである。そうしながらも彼は自分の思想を堅持し、第十四問を撤回したりはしないのである。そのことを第十五問が示している。建築家が自分の建てるあらゆる家と似ているのと同じように、神はあらゆる事物と似ている。ただ、神においては神であることと、可能なる被造物の範型であることとのあいだに区別がないという点は除くのだが。「神はその本質に即して語るかぎりあらゆる事物の似姿である（*Deus secundum essentiam suam est similitudo omnium rerum*）」。もしお望みならば、神のこの本質的範型性を〈イデア〉と呼んでもよい。神の本質そのものとの同一性が減ってしまうことにはならないだろう。「したがって神におけるイデアは神の本質そのものにほかならない（*Unde idea in Deo nihil est aliud quam Dei essentia*）」（ST. I, 15, 1, 3^{m}）。

ここで、本来の機能を果たしている神学者〔聖トマス〕がここにいることにふたたび気づくべきだ。〈常識（sens commun）〉が外的感覚からデータを受容し、判断するように、神学者はさまざまな哲学からデータを受容し、関係づけ、判断する。もし神学者がこれらの哲学者の考えが信仰の真理と一致しているかということにのみ基づいて判断して満足するのであれば、神学者は正確に自分の職務を果たし、それ以上のことをしないことになる。しかしもっと重要なことがある。聖トマスの神学者としての仕事はずっと先にまで歩みを進める。聖トマスの独自なところは、神学者としての判断が、信仰の原理のみならず、哲学的真理から、しかもその真理の代わりとなる神学が援用する真理よりも深い真理に基づいてもいることである。哲学における進歩と神学における進歩は密接に結びついているので、実際のところ両者は合致してしまう。しかし、進歩が完成するのは神学者の仕事を通してである。存在の理解は信仰の理解の恩恵に浴するのである。

現実の全体（totalité du réel）を概念把握しようとするこの試み——もちろんこのように語って奇妙に響かないことを願うのだが——、そして神が自分自身を知るのと何かしら似たような仕方でなされたこの試みは、行き着くところまで進めば、本来の意味での哲学的神秘という暗闇に逢着するのである。すなわち、〈事物の根本的生産（*de rerum origination radicali*）〉という問題に。さらに、この神秘はそれがある場所に正確に位置づけられなければならない。というのも、一つの神秘は、神がなぜ諸事物を欲したのかを知ることに存するのだから。しかし、このことは想像しうるかぎり最も自由な行為という秘密に依存している。それに先立って（哲学的に語れば）〈事物（chose）〉という語で一般的に意味されているものの可能性に含意されている神秘ということもある。神は事物ではないし、事物の集合でもない。神は事物から切り離されて絶対的にある。すると、存在そのもの、〈ありてある（Qui Est）者〉たる神と同一ではない存在に関するもの、もしくは諸存在者があるということはいかにして可能なのか。

比喩に頼っているという事実からも明らかなように、この点で形而上学は、思考の旅程の限界に到達している。似姿（similitudo）、範型（exemplar）、模倣（imitatio）といったもの、これらの語はすべて精神が正確には定式化できないような真理のほうに精神の眼差しを向き変えるものだ。結局のところ、その存在が特殊な限定された本質を有することであるもの〔被造物〕が、本質が存在そのもののであるもの〔神〕にいかなる意味で、いかなる点で類似していると言えるのか。さらに逆説的なことだが――しかし聖トマス自身の用語で言うと――存在（être）が純粋の存在（esse）であるようなものが、いかにしていずれもが存在そのものではないような存在者の集まりにとって範型的な類似性となりうるのか。

プラトニズム、特にプロティノスのプラトニズムは、この最大の問題への最短の道を切り拓くことができる。『エネアデス』に示されたプラトニズム以上に存在の概念と可知性との関係を明晰に表している教義はない。〈一者（Un）〉は実体的原理のヒエラルキーの頂点にあり、そして絶対的〈一者〉に述語づけられるようなものはない。それは存在するとも言えないものだ。というのも、そう述べれば〈かのもの（il）〉は存在者であることを肯定することになり、それはもはや一者（un）ではなくなってしまう。それどころか、一者は一者であるということもできない。というのも、一者を二回考えれば、〈かのもの〉を二つにしてしまうからだ。要するに、一者は言表不可能である。一者を破壊することなくして、一者について命題を作ることはできないのである。そしてこのことは一者そのものについても当てはまる。たしかに、一者は無意識のものではない。まったく逆にそれは非質料性と認識の頂点にある。しかし、それは命題によって認識を得るのでもなく、自らについては、それ自身が何であるかを自らに知らしめるようないかなるものをも形成できないのである。一者は〈もの（ce que）〉ということを超えており、〈である〉と言えるようなものはそこにはないから、〈一者は存在の彼岸にある（il est au-delà de l'être）〉。正確かつ本来的に語れば一者は存在しない（l'un n'est pas）。

すると、存在者は一者のもとに現れる。深い洞察をもって、プロティノスは存在を、イデアの認識と相ともなうように、そして同時なるものとして歩み始めさせたのである。というのも、ここでは所詮、何であるかを言えるときにしか存在がある（l'être est）とは言えないからだ。このようにして第二の実体的原理が〈一者〉の後にすぐに現れる。が、それは〈叡智体（ヌース）〉〔理性、知性の意〕である。それは認識であるからこそ、存在しているものである。〈叡智体〉はもはや〈一者〉ではなく、〈一者〉の認識となっているものである。もちろん、〈一者〉の認識ではない。〈一者〉は認識を超えているからだ。ただ少なくとも、〔認識されなくても認識を可能にするという仕方で〕あらゆる可能なる分有の形態のもとにおいて認識を超えている。ご存じのように、これらのあらゆる可能なる分有のことが〈イデア〉と呼ばれるのである。〈叡智体〉、つまり〈イデア〉の場所を通じて、人は存在者の次元（ordre de l'être）に到達することができるのである。『原因論』に見いだされるこうした教義を思い出して、聖トマスは彼が引用することで有名にした〈被造物の最初のものは存在である（*prima rerum creatarum est esse*）〉という命題を喜んで引用するとき、機敏にも自分にとって有利になるようにその命題を手を加えて援用しているのだ。〈一者〉（これこそ最初のものだ）のあとにくる最初のものが存在なのであるというように。

　したがって、存在と可知的なものが不可分であることは、われわれがそれがあるということを知り、言葉にできないかぎり、何ものも存在しはじめることはできないという事実に由来する。同時に、知りかつ言葉にすることで、われわれの思考はなじみを感じる次元に入り込むのである。〈一者〉、言表不可能なもの、定義不可能なものに続いて、それらと同時に、多なるもの、言表可能なもの、定義可能なものも現れる。精神は、すぐさまその固有の対象、知られた事物の概念規定（*ratio*）、つまり知性によって形成され、名前によって意味される存在者の概念を手にする。「名称が意味する規定は、名称によって意味表示された事物についての知性の概念作用である（*Ratio enim quam significat nomen, est conceptio intellectus de re significata per nomen*）」（ST. 1, 13, 4）。実際、多様性は、区別を前提し、区別は、存在においても知識においても、限定ないし〈定義〉を前提する。このように名称によって指示される概念は、いわば、それとは異なる他のものと、それが他のものではないということとのあいだで定義される存在論的単位（unité ontologique）を意味していると言えるのである。

〈一者〉の概念に関するプロティノスの経験から一つの教訓を得られる。〈一者〉から出発して、多者に到達できるのは、判明で可知的なイデアという形態においてのみということだ。多者がそのように捉えられなければ、これらの可知的形相は存在していない。すると、それらは存在者ではない。要するに、これらの形相の可知性は、存在を超越した一者と、多様性においてのみ見いだされる存在とのあいだの、必要不可欠の紐帯《ちゅうたい》となっているのである。

この過程を表現することはできない。もしその過程を想像しようとするならば、いわば、〈一者〉が形而上学的な爆発を起こして、〈イデア〉という諸々の破片に破砕することとして想像できるが、しかしそういったことは実際には起こってはいないのだ。〈一者〉は〈一者〉のまま留まっており、〈一者〉の似姿の増殖には〈一者〉は関わっておらず、〈一者〉はその過程に無縁なのである。というのも、その一性は、総和が単位を足したり減らしたりすることで得られるものである数の単位とは異なるからだ。〈一者〉は、多数化からは離れたままに留まり、影響を受けない。多なる者は、単位の断片から構成されるが、その単位は総和全体の単位とは異なる。似姿（image）という古い比喩はここでもまた最善のものである。というのも、数多くの鏡から生じる無数の反射は、鏡が表す対象の実体に何も付け加えることはないからだ。さらに、対象そのものは似姿から構成されているのではない。対象とその似姿は同じ類に属してはいないのである。その結果、似姿は対象から生み出されるが、対象からその存在を奪い去ることはなく、似姿は対象を何ら変ずることなく消滅するのである。

そうすると、なぜこういった解決不可能な問題に巻き込まれているのか。与えられているのは多様なものであり、多様なものを構成する個別的存在者は、われわれにとって知性的思考可能なものであるのだから、なぜに多なるものへの関係が理解しがたいものである〈一者〉を、その他者に付け加えるのだろうか。その理由とは、一と多のアンチノミーが単に精神がこしらえたものではないからだ。このアンチノミーは多そのもののうちにある。というのも、われわれはただ多をも一種の統一としてしか考えられないからだ。このことは思考のなかの存在にも実在的な存在にも両方に当てはまる。例として何でもよいから概念を取り上げてみよう。たとえば〈人間〉である。まず〈人間〉が判断の繋辞《コプラ》によって結合される別々の要素から構成されていることがわかる。〈人間は理性的動物である〉。実際には、存在は自らと一つになっているかぎりでのみ持続する。ライプニッツが好んで繰り返したように〈一つの存在〉と〈一つの存在〉は同じものなのである。ここから存在は一性において与えられる。存在は、それ自身概念となるのを免れている、概念を産出する要素〔一性〕を通してのみ可能であり考えられるのである。

聖トマスは、いつも一と多をめぐるプラトンの弁証法に強い関心を持っていた。というのも、聖トマスの考えでは、プラトンの弁証法は、存在と本質の弁証法の先駆けになるものだからだ。キリスト教哲学は、神の言葉に関する理性的反省から成立してきたのだが、その哲学において、第一の実体－原理は〈一者（Un）〉ではなく〈存在（Être）〉である。〈一者〉と同じように、〈存在〉もまた定義を受けつけない。存在（être）の概念が正確には定義できないことはよく知られたことである、というのも、存在は最初のものであって、存在を定義するために用いることができるあらゆる用語を存在が〔その外延のうちに〕含んでいるからである。しかし存在の外部には、無しかない。その結果、知性は、自らは知解するが、推理する理性は把握できない概念を、第一の原理としてずっと使いつづけてきたのである。存在に関しては、たとえ有限な存在についてでも、存在（l'être）とは、存在者がある（l'étant est）ないし現実存在する（existe）機縁となる現実作用であるということを除いては、何も語りえないのである。被造的存在（l'*esse* crée）が創造を行う原因〔神〕の神秘的な特性を分有するかのごとく、あらゆることは生じている。実際のところ、有限な存在（*esse*）をそれ自体で純粋な状態で考えることは矛盾を含む企てなのである。そうすることは、神を考えようとすることなのだから。

有限存在における本質と存在を考えることによって生じるあらゆる難問はここにこそ源泉がある。そういった難問を提起する人たちが誤っているのではない。というのも、それらの難問は実在的な（réelles）ものだからである。むしろ、これらの難問が想像力のうちにしか存在しないと、この教義の論敵に擁護者たちが示そうとすれば、この擁護者たちが無分別または不作法ということで非難されるであろう。形而上学的省察の目的は存在の神秘を除去することではなく、むしろ存在の神秘のある場所に気づき、その神秘に最初の接近を試みることだ。われわれが何よりもまず気づくべきなのは、有限存在の概念は不完全な仕方でしか把握できないことであり、それはわれわれにとってのみならずそれ自体においてもそうなっているのだ。それというのは、神でさえも、有限であり、かつそれ自体で存続する存在のはたらきを創造することはできないからである。純粋かつ一なる存在であるのは神だけである。有限存在は、純粋存在ではない何らかによって限定されたものとしてのみ存続することができる。そして、有限存在は有限存在であるかぎりにおいてのみ合成されたものであって、その合成は必然的に、存在（*esse*）と、存在とは異なる他の要素との合成である。このような合成が成立していることに反対する者は、誤ってこの教説を攻撃しているのである。責任があるのは存在者（l'être）そのものである。というのも、存在とはかくのごとく合成されたものだからである。その点に困難を見いだして驚くのはあまり分別のあることではない。無を除いて、存在の外部にあるものはないからである。存在（*esse*）は、存在とでなければ、いったい何と合成を行えばいいのか。しかし、存在と存在との合成（composition d'être et d'être）は明晰な概念とは思えない。というのも、構成要素と異なる種類の存在者を構成するのに諸存在者が付け加わっているということは容易に理解できるが、存在（l'être）そのものが可能となるために存在が存在に付け加えられねばならないということは理解できないからである。存在はわれわれのあらゆる表象に伴うばかりではない。存在はわれわれの表象に先行し、その条件を伴っている。存在はあらゆるものの合成に入り込みながらも、存在が合成されることはありえないのである。

有限存在に関するトマスの形而上学に、スアレスは批判を加えたが、その批判は、理性の次元や、有限存在が構成される何性的存在（l'être quidditatif）の次元では打ち破るのが困難なものである。論敵とされたトマス主義者たちの多くが犯した誤りとは、スアレスの形而上学的認識の概念を受け入れながらも、スアレスの存在概念のほうは拒絶しようとしたことだ。スアレスと一緒に、本質は存在そのものであると認めてしまえば、存在を構成するために、本質はいったい何と結びつけばよいというのか。そんなことは、あるものをして、それがすでにそうであったところのものにしようとすることだ。しかし、大事なのはスアレスの教説を〈論駁〉することではない。スアレスの教義を排除することが可能であっても、そうする必要はない。排除するのは疑わしいことなのである。むしろ、本質と何性的概念の形而上学は、理解不可能なものではなくて、人間精神の自然な形而上学なのである。人間知性は知性が楽々と形成し、貪欲に取り込むところの〈知解された概念規定（*ratio intellecta*）〉に夢中になっているのである。〈名称によって意味表示された事物についての知性の概念作用（*conceptito intellectus de re significata per nomen*）〉。本質の形而上学（métaphysique de l'essence）、これは存在論という名前にちょうどうまいぐあいに適合しているのだが、そのような本質の形而上学を知性が自由に扱えるのはよいことだ。しかし、存在の形而上学（métaphysique de l'être）を持てればそのほうがずっとよいことだろう。存在の形而上学は、神秘の深みのなかに勇敢に飛び込んでいて、少なくともその神秘が存在することに気づく道の途上にあることはたしかである。しかし、その神秘に関わろうとする人は、その神秘が、明晰かつ判明な観念を事とする推理的理性を行使することだけから得られるような満足を与えてくれるかもしれないと期待してはならない。まして、そういう満足が与えられることを他の人たちに約束してしまうことは、とうてい許されることではない。というのも、ある意味でそれを知らないことがそれを知るための最善の道であることは、神にも当てはまるのだが、存在（l'être）にも当てはまるからである。実際のところ、存在者（un être）が〈ありてある者（Celui Qui Est）〉の似姿でなければ、存在者とはいったい何であるのか。

形而上学者はここではプラトニストの立場と似たような状況にいる。しかしながら、形而上学者のほうは、〈一者（Un）〉が自らを分割することなしに多者を産出するのかという考察に入るのではなくて、そのかわりに、いかにして〈存在（Être）〉が自らの単純性を犠牲にしないで諸存在者（les étants）を原因できるのかを理解しようとする。プロティノスの〈一者〉が、〈イデア〉である自らの反省の対象を生み出すように、存在もまた同様に、創造された諸分有体（ces participations créées）――これが諸本質となっている――が自ら発出せしめるのである。プロティノスとトマスと両方の形而上学において、第一原理の超越性は無傷でたしかなままである。多者は〈一者〉ではないし、いかなる本質も〈ありてある者〉ではない。すると、本質は、〈存在〉の両替用の小銭のようなものだ。ちょうど多者が一者の小銭であるように。しかしいずれの場合においても、異なった秩序のあいだの実在性の問題であるのだから、一者は、決して無数の〈イデア〉をふたたび取り集めることで再構成されることはありえない。まして無限の諸本質を一つの束にまとめても〈存在〉が再構成されることはありえないのである。一者は多者によって作り直されることはないし、〈存在〉が諸本質によって作り直されることはない。このように考えれば、本質が〈存在〉の副産物であると考えざるをえなくなる。本質とは、存在の純粋なはたらきでならざる諸存在者の可能性の条件なのである。

存在者のなかに留まりながら（au sein de l'étant）、本質と存在との関係をわれわれは定式化しようとしているが、この点において、聖トマスがわれわれよりもよい立場にいたわけではない。一つの意味で、これは存在から存在への関係（rapport d'être à être）の問題なのである。というのも、本質がそれ自体存在に内属しているのでなければ、本質は何ものでもないことになろう。しかし、別の意味で、存在（*esse*）に内属しているのと正確に同じ意味で、本質（*essentia*）が存在（*esse*）に内属しているわけではない。さもなければ、本質は、存在（*esse*）と同様に無限なものとなって、神のごときものとなってしまうだろう。すると、本質は存在（*esse*）に内属しているが、決定され限定されたものと認めなければならない。いやむしろ、本質とは、存在（*esse*）の決定、限定、制限、縮減であることを認めなければならない。これこそ、本質は存在の様態（mode d'être）であると聖トマスが述べるときに、われわれに理解させようとしていることなのである。〈存在の様態〉という表現は、われわれには〈存在のあり方（manière d'être）〉を意味するし、これこそ、その実際の意味ではあるが、しかしながら、存在の〈さまざまなあり方〉こそ何よりもまず、言うなれば存在の〈尺度（mesures）〉なのである。ここでわれわれは比喩に訴えているのだ。というのも、諸本質のあいだの質的差異を、存在の量的差異として文字どおりに受け取ることはできないからだ。しかし、これこそトマスが考え出すことのできた最善の表現であったように思われる。そしてアリストテレスが本質は数のごときものだと述べたときに提示していたことでもあるから、いっそうそのような表現を聖トマスも好んだと考えられる。数に一を加えたり、一を引けば、異なった種類の数が得られる。その数は、偶数と奇数のように、異なった特性を持った、異なった種類の数が得られるのである。同様に、諸存在者の領域においても、存在者（étant）の存在（être）への分有の程度を増加させたり減少させたりすれば、存在者が属している種を変えることができる。鉱物に生命を付与すれば、植物が得られるし、生命に感覚性を付与すれば動物が得られる。理性が動物に付与されれば人間という種が現れるのである。したがって、このように考えれば、各々の種を構成し定義する、存在の量の尺度として、諸本質はお互いに区別されるのである。

このように見ると、存在者のなかに留まりながら、本質と存在との関係を何らかのイメージで思い浮かべようとする人たちが直面する困難を見ても驚く必要はない。そこでは、存在（l'être）は神の固有な結果であり、（結果というあり方で）原因である純粋な〈存在（*Esse*）〉への分有なのである。このように、存在（*esse*）は、存在者の複雑な形而上学的構造において、第一の究極的な現実態の機能を取り戻すのである。実際のところ、存在以外の残りのものが、何かしら実在的（réel）なものであって、存在者（*ens*）の構成に寄与できるのは、存在（*esse*）を通してなのである。たしかに、存在者は存在を有するものであるが、存在者において、〈もの（ce qui）〉は、存在者が有する存在を介さなければ何ら実在性を有していないのである。すると、存在者における存在の役割に重要性において匹敵できるものはない。というのも、存在なしには何もないからである。

しばしば繰り返され、長いあいだ続いてきた反論とは以下のようなものだ。つまり、生きた存在者（l'être vivant）は、単なる存在でしかない存在者（l'être qui n'est qu'être）よりも完全であり、感覚を有する存在は単なる生きものよりも完全であり、そして理性を備えた存在者は、感覚による認識しかできない存在者よりも完全であるというものである。ここから導かれる結論とは、存在とは存在者においても最も完全なものではなく、存在者を限定するあらゆる本質的形相に対して潜在的にあるにすぎないということである。この反論以上に、問題全体をぼやかしてしまう根本的幻想の姿を明確に示すものはない。というのも、最も限定されていない存在、つまり第一質料に最も近い存在は、形相のヒエラルキーにおいて、存在の上に並んでいるところの本質を有する存在者よりも不完全であるのは確かなことだからだ。このことこそ、〈本質は、本質を構成する、存在の量ごときものとして区別されている〉ということの意味なのである。したがって、理性的存在者は単なる生きものである存在者以上のものであり、以下同じであるが、しかしこのヒエラルキーの全体は、ヒエラルキーを構成しているものである存在を前提しているのである。存在の異なった段階を比較することができるには、何よりもまず存在こそがそれらの諸段階を、かくも多様なる諸現実にしているからにほかならない。すると、生命のない存在者が、生きた存在者よりも完全であるのか不完全であるのか尋ねる必要はない。したがってまた、何であれ存在するものの存在は無であることより完全であるのか不完全であるのか尋ねる必要もない。問いがこのような言葉で表現されれば答えは自ずと与えられる。つまり、存在者のなかで最も完全なのは存在であり、他の何ものも比較の対象にならない。存在の外部には無しかないからである。

われわれが絶えず暴き立て注意しなければならない幻想とは、いかなるものについてであれ、本質の完全性を、存在の完全性と競合するように並べることができると信じてしまうことに存している。存在の完全性は、系列の外部にある完全性であり、そのおかげで、その他のものは現実に到達して存在と比較可能になるにしても、そうなるのは存在のおかげなのである。精神はここで二つの判断のあいだでさまようことになる。一方では、本質は、有限存在の現実存在が可能事となるための必要条件としてあるが、他方では、本質はそれ自体では可能事でしかないのだから、無の外部に措定される現実態にある実在性に到達するためには、存在のはたらきこそ必要条件となるのである。すると、そこには相互的な因果性があることになる。しかし、それは存在の内部においてであって（à l'intérieur de l'être）、完全性の同じ次元においてではない。というのも、存在現実態（*actus essendi*）が、事物の存在そのものを原因するのであり、本質ないし形相は、その部分として、有限な現実態が行使される際の様態を構成しているにすぎないからである。

この真理こそ、存在は有限なるものにおいてあらゆる現実態のなかの現実態、あらゆる完全性のなかの完全性であると聖トマスが述べるときに、表現していたことなのである。というのも、本質たる存在の様相は存在を通してしかありえないからである。バニェスは同じ真理をトマスへの註解の一節で述べている、〈完全にする〉ということの反対となる〈不完全にする（imparfaire）〉という動詞をわざわざこしらえて、「存在現実態は本質によって不完全化される（imperficitur）」と述べている。この表現の意味は理解できる。というのも、思考の外部で実際に生じるとすれば、存在現実態から附加されいいた本質を差し引いいて得られるものはまさに無限なる存在現実態であるが、それは神にほかならないからである。神の名前が〈ありてある者〉である教義において、有限存在における存在のはたらきの優位性は、純粋存在の絶対的超越性から直接帰結することなのである。

ここから、先述の存在概念に基づく形而上学の一般的解釈にとって重要な帰結が生じる。明らかに、その形而上学を本質の哲学（philosophie de l'essence）と考えることはできないということだ。第一の現実態、そして第一の完全性という役割を演じたのは、「存在（*esse*）」の現実態だからであり、本質そのものは現実態への可能態に留まるものにすぎないのである。そして、同じように明らかなのは、その形而上学を、現代の実存主義と似たような精神に鼓舞された現実存在の哲学（philosophie de l'existence）と考えることもできないということだ。現代の実存主義では現実存在は本質とは反対のものと考えられている。本質の形而上学が肯定することのうち、われわれがいま定義したばかりの哲学〔現実存在の形而上学〕にも当てはまるのは以下のような幻想だけである。つまり、彼らは本質を現実態のなかの現実態、完全性のなかの完全性と思い込んでいることである。こういった幻想は、存在（*esse*）のためにとっておかれた場所と役割を本質に帰属させてしまっているのだ。

どのようにしてわれわれは本質を軽視したり無視することができるのか。たしかに、本質は神に比べると微々たるものである。神において、本質はイデア、つまり存在者（l'étant）による存在の純粋なはたらきの分有の可能的様態に関する認識にほかならない。イデアは、神ではなく、神よりも無限に劣ったものにすぎない。しかし、無に比べるならば、本質にはまったく逆のことが当てはまる。神であることを除けば、他の可能なものだけが、あるかまたは、ないかと言えるものだからだ。ここで、もし存在者が存在から無限に離れているとすれば、無もまたその固有のあり方で存在から無限に離れていることになる。創造の活動は、神の原因性に固有な形式なのであるが、それだけが無限の距離を乗り越えられるのである。

すると、われわれは本質の栄光を十分称讃することは決してありえないのである。本質とは、超越的な存在の純粋現実態の単純なる完全性が、無限に多様な仕方で映し出される鏡なのである。それらの可知性、秩序、善性、美は、現実的であれ可能的であれ、すべての被造世界に属するものなのである。本質に固有なこと、つまり存在の分有という有限様態に固有なこととは、神も無でもない自然本性（*natura rerum*）の現実存在を可能にすることだ。だからこそ、われわれは本質を、神ならざる実在性の可能性に関する存在論的条件として呈示するのである。創造者の自由意思によって無に対して勝利を収めながら、この宇宙は、現実存在を欠いた本質でもなければ本質を欠いた現実存在でもなく、むしろ本質によって計られる存在現実態である諸存在者から構成されている。存在現実態のほうが本質に現実存在を付与しているのである。この宇宙は、偉大なる美を擁した宇宙であり、その存在そのものにおいて聖なるものであり、神の全能の実効性の親密なる住まい、哲学的・神学的反省にとっての無尽蔵の糧であり、そこにある本性そのものが霊性へと導くものとなっている。

この種の形而上学に名前を与えるべきなのだろうか。しかし、それは形而上学の一種なのではない。それこそ、存在の本性への洞察における頂点に位置する形而上学そのものなのである。いずれにしても、それは本質主義（存在を欠いた本質に関わるものとして）と呼ばれえないし、また実存主義（本質を欠いた存在に関わるものとして）とも呼ばれえない。それに名前を与えるとすれば、〈存在主義（ontism）〉とでも呼ぶべきである。しかしこれとても、それほど話を先に進めるものではない。その語は単に〈存在の哲学（philosophie de l'être）〉を意味するにすぎないからだ。実際のところ、すべてのものは〈ありてある者〉の存在であるか、本質によって計られ、神の実効性によって創造される存在者の存在様態であるかのいずれかだ。「神以外のすべてのものは神から存在を得ている（*nihil præter ipsum est nisi ab ipso*）」（CG. II, 15, 1）。

第十章　存在、現実態、目的

L'être, l'acte et la fin

存在を現実的に有していないものは現実的に存在することを求める（Quæstiones de veritate, 22. 1, 4^{m}）。

形而上学の教義の進展の結果として、語はその意義を変えていくものである。今日、〈existence（現実存在）〉は、以前の *existentia* とは異なった含意を持つようになっている、たとえば、とりわけバニェスの教義においては、言葉の意味は、動詞ないし動詞の名詞形 *esse* といかなる点でも異ならないものである。すると、われわれがその教義を理解するのに必要なのは、*esse* を表現する言葉の正確な意味を再発見できるように努力を傾注することだ。存在者と言われる、創造され、有限で、具体的な存在とは正確には何なのか。存在のはたらき（acte d'être, *esse*）はそのなかでどのような役割を演じるのか。最後に、この現実態と、その根本的ダイナミズムをあらわにするはたらき（acte）との関係は何なのか。そこには、われわれの哲学的反省が取り組まねばならない根源的な概念がある。

有限存在（l'être fini）とは、創造活動の固有の結果である。しかし、それが単独で切り離されて創造されることはありえないことを見た。有限存在は、本質の現実態となっているのであるが、そのような本質とともに、そして本質において有限存在はともに創造される（concréé）ことしかできない。

しかし、有限存在は本質の尺度となっており、つまり、存在者（*ens, étant*）として創造されたのである。存在者に対する術語が〈実体（substance）〉である。このように、諸存在者を創造することと、諸実体を創造することは同じことなのである。というのも、直接的に実体でないものは、実体によってか、または実体のうちにしか存在できないからである。したがって、実体以外の他のものは、実体とともにそして実体のうちに創造されたのである。それこそ、真の意味で存在の名前に値する有限存在の唯一の類（genre）なのである。というのも、それしか存在することはできないのだから。

その次に、実体の通常の定義が問題となる。それは、〈それ自体による存在者（*ens per se*）〉つまり、それだけで存在するないし存在することができる存在者である。これは、〈他のものによる存在者（*ens per aliud*）〉、つまり偶有性（accident）とは異なっている。偶有性は、実体を離れて、実体のうちにあるという仕方を除いて存在することはできない。さらに、このようなわけで実体とは存在（*esse*）を持つもの、ないし固有の存在者であるが、偶有性の存在は実体の〈なかの存在（*être dans*）〉に還元されると一般に言われる。偶有性は実体の存在に基づき、実体の存在によって存在するだけであり、固有の、そして実体の存在と存在を持つことはない。〈偶有性の存在は内在である（*accidentis esse est inesse*）〉（ST. I, 28, 2）。

この実体の概念はそれ自体では正しいが、しかし普通に表現される形式のものではない。〈それ自体による存在者（*ens per se*）〉はあるが、しかしたった一つしかなくて、それは神である。そして、この定義の使用を避ける他の理由もある。〈それ自体による存在者〉という定式では、存在者が類の役割を演じ、〈それ自体による〔自体的〕（*per se*）〉が種差（différence）の役割を演じている。しかし、存在は類ではない。あらゆる類とあらゆる種差は存在のうちに含まれているのであるからだ。このように、われわれは実体を、存在（*ens*）という類において、〈それ自体による（*per se*）〉が種差となる種（espèce）として考えるわけにはいかない。もしわれわれが絶対的な仕方で実体を定義しなければならないのであれば、最も広い類ではあるが、「実体とは、その何性（quiddité）に、何らかのもののうちにはない存在が付与されるところのものである（*substantia est res cujus quidditati debetur esse non in aliquo*）」（QDP. VII, 3, 4^{m}）。

このように実体を定義することは、アヴィセンナによって有名になり、トマス・アクィナスによって深められた有限存在の概念からの当然の帰結である。ここでの問題は、存在することのある様態、つまり実体に適合するものを定義することなのである。ここで問題となっているのは、本質、存在様態（*modus essendi*）なのである。ここで問題となっている本質が、それ自体で存在のはたらきを担えるものであれば、対応する存在者は実体である。逆に、ここで問題となっている本質が、それ自体で存在のはたらきを担えないものであるならば、対応する存在者は偶有性である。石の本質は可能的実体の本質である。色や、他の可感的な性質の本質は、それ自体に備わる独自の存在のはたらきを行使することはできないのだから、それは偶有性の本質でしかない。聖トマスはいつも、こちらのより厳密なほうの実体の定義に優位性を付与している。そして重要なのはそれをわれわれのものとすることである。実体の定義は、それ自体による存在者（*ens per se*）ではなく、むしろこう言うべきだ。「他のもののうちにはないという存在が適合するような何性を有するもの（*quod habeat quidditatem cui conveniat esse non in alio*）」（CG. I, 25, 10）。さらにこのようにして、本来の意味で言うと、神は実体ではない。というのは、その「存在（*esse*）」以外に本質を有していないのだから。可能でしかない実体は有限であり、本質と存在から合成されている。実体という語は、正確に語るならば、「次のような存在、つまりその存在がその本質ではない、それ自体での存在が当てはまるような本質（*essentiam cui competit sic esse, id est per se esse, quod tamen esse non est ipsa ejus essentia*)」を意味するのである（ST. I, 3, 5, 1^{m}. Cf. III, 77, 1, 2^{m}）。要するに、実体は存在（l'être）ではない。それは常に存在者（étant）なのである。

以上の論点に、実体とは、存在者を成立させる存在（*esse*）による存在者であることを付け加えなければならない。この意味で、創造された存在（*esse*）は真の意味で存在者の原因なのである。しかし、それを、そのはたらきが有限な存在者から現実存在を生み出す、起成原因のようなものとして考えてはならない。もしこの種の原因であるならば、それ自身は何よりもまず存在者（*ens*）であって、そしてはたらくものでなければならない。このことは有限な存在（*esse*）には当てはまらない。むしろ、われわれは創造された存在（*esse*）を、存在者の形相的な構成原理と考えるべきだ。簡潔に言えば、それによって本質が存在者となるところのものと考えるべきだ。そこでわれわれはアリストテレス主義の構造を破壊しなければならない。アリストテレス主義においては、本質的形相は最高の形相的要素である。というのは、ここでは本質以上に形相的なものがあるからであり、これこそまさしく存在（*esse*）、つまり存在者の構成原理なのである。それは本質と結びついて実体を構成するのだ。存在は有限存在において最も形相的なものである。しかし、その形相性は本質の現実態なのであるが、本質の秩序と同じ秩序にあるものではない。

最終的に、この存在のはたらきは実体的原理のそれではないので、その効果を長い期間にわたって示しながらの展開していくようなはたらきと考えられてはならない。神の効果は、したがって存在の純粋なはたらきの分有であり、有限なる存在（*esse*）は、存在者の核心において、動きのない休息にあるはたらきとして存続している。「存在者のなかの動かず休息しているもの（*aliquid fixum et quietum in ente*）」。現実態にある存在の概念は生成（**devenir**）となっているのではない。また、流れそのものとなるような一種の実体化された持続と混同するために本質へと還元することを拒否すべきでもない。ここで、形而上学的反省は、二重の誤りを犯す危険にさらされている。一つは、存在者を現実化した本質に還元してしまうことに存する。もう一つは、いま述べた誤りを避けるために、本質を絶えざる変化のうちにある流動（**flux**）、むしろ変化そのものと考えてしまうことに存する。存在は、正しく理解すれば、不活発な存在論的集塊でも生成でもない。その不動性は、純粋存在の不動性と類比的なものだ。存在の純粋現実態はそれがあるところのもの（存在であるのだから）になるために変化しなければならないわけではなく、それでも生成の源泉であり、生成の過程のなかで、生成に巻き込まれることなく、豊穣性を示すのである。存在は運動（**movement**）ではなく、運動の原因（**cause de movement**）である。だからこそ、完全に記述しようとすれば、このはたらきの記述を付け加えねばならないのである。

実際のところ、これらのことは存在に関するよりも存在者に関することである。存在が本質を実現した後では成すべきことをすべて成し遂げてしまうが、しかし余すところなく現実化されるためには、本質が存在者の本質であるだけでは十分ではない。逆に、存在者はその本質によって、数多くの異なった作用の能動的中心なのであり、その固有の目的は、本質を、その自然本性に沿って充実し、存在者として、その諸能力を完成できるようにすることなのである。要するに、存在者をして、存在者そのものになさしめることにある。

これらの命題は命題だけを見つめるだけでは知解不可能である。それらを理解するためには、ふたたびそれらが出現してきた原初的な形而上学的概念に立ち戻らなければならない。これらのなかで第一にくるのは、存在の概念であって、つい考えがちのように現実態（acte）の概念ではない。現実態は存在によって知解されるのであって、その逆ではない。たしかに、現実態と可能態はあらゆる存在を区分するが、しかしこれが成り立つのはまさしく現実態が存在を前提するからであって、存在がそれ自体、存在現実態であったり存在可能態であったりするのである。現実態と可能態は実体的様態（modes substantielles）である（QDP. III, 8, 12[m]）。このことはつまり存在の仕方（manières d'être）、存在の様態（modalités de l'être）ということなのである。もし形而上学の道を歩むのに、現実態と可能態の概念から始めてしまえば、間違った道を辿ることになる。このような始まりにおける誤りの帰結は致命的なものである。これとは逆にわれわれは存在の概念から始めるべきなのである。これこそあらゆる他のものを関係づけなければならない第一の概念なのである。

存在していることと現実態にあることとは、一にして同じことである。このことは、神という唯一の事例において明確に認めることができる。神は絶対的純粋性における存在（*ipsum purum esse*）であるかぎりで、同時に純粋現実態なのである。神においては、いかなる点においても「なりうる〔可能〕存在（pouvoir être）」という契機などない。神とは可能態のすべてが現実にあるところのものなのである。さらに、だからこそわれわれが神は純粋現実態であると述べるときも（QDP. III, 3, 5ᵐ）、神を定義しているのではない。というのも、その説明は一見定義のように見えても、神が純粋存在であることを意味しているだけだからである。われわれがここで想起するのは、神を語る場合、存在する（est）という動詞の意味は、われわれには捉えられないということだ。要するに、神の存在が純然たる存在であるとすれば、「現実態」という言葉を使う余地はない。存在する（être）という語で十分なのだ。

「現実態」という語の正確な意味は、有限存在の場合であれば、もっと容易に把握できる。というのも有限存在は存在ではなく、存在を有するものだからだ。有限存在とは、存在に内属するものだ。程度の多少という問題はこの点で生じる。第一に、この有限存在を純粋存在と比較すると、有限存在は純粋存在を模倣できるとしても完全性の度合いで差が生じる。第二に、この有限存在を生成可能なものと比較する場合である。たとえば、仕事をした結果できあがったものを、これから作り出される計画と比較してみよう。人間存在、理性的動物は、植物以上の存在である。人間のなかでも、教育を受けた人は教育を受けていない人以上の存在であり、これは他の有限存在についても同じことが当てはまる。これらの存在者のうちの一つが（現実に）存在するのに応じて、われわれはそれが現実態のうちにあると述べるのである。逆に、そうありうることと、そうはなっていないこととのあいだに何らかの距離がある場合には、その事物は、可能態のうちにあるとわれわれは述べる。この場合、存在の完全性の程度があることになり、この完全性こそ現実態を正確に計るための尺度なのである。他方、存在の現実態が欠如していることは、その可能態と不完全性を構成する契機となっており、そして、その度合いを測るための尺度となっている。可能態が存在と対立しているのではないことに注意しよう。それどころか、逆に可能態はあくまで存在可能態（être-en-puissance）であるのだ。要するに、可能態は、存在の欠如的様態（mode d'être deficient）なのである。つまり、その存在者が自然的に受容可能な現実性の程度にまで至ることがなく、またそうなることもできない様態が可能態ということなのである。われわれは現実態と可能態を反対の意味をもつ二つの力として捉えたりしないように注意すべきである。というのも、可能態がいかなる仕方でも存在に内属していないのであれば、可能態はまったくの無となってしまうだろうが、そのようなことはない。したがって、存在（l'être）しかないのであり、その現実性の度合い（つまり存在の度合い）こそ完全性の程度となっているのである。

いまや、有限存在は本性によって活動的であって諸活動の原因であることを容易に理解することができる。その完全性と現実態が制限されているという事実そのものが、有限存在をして完成可能（perfectibile）なものたらしめているのである。それは限定されることなく、あらゆる点において、完成可能であるのではなく、本質によって限定されその限度内において完成可能なのである。何でないかということではなく、原因がそれに付加的な現実性を付与するならば、そうありうることが、このような存在、現実態、完全性に内属しているのである。したがって、それはその善性にも属している。というのは、すべての存在者は存在しているかぎりで善なるものだからである。そして、それはきわめて特殊な仕方で自分自身の善となっている。というのも、それ自身における可能的な増加分となっているからだ。このようなわけで、あらゆる存在者は、存在を善として愛し、あらゆる形態のもとでそれを愛するのである。第一にそれは自分自身の存在を愛し、そしてそれを保存し持続させ、それを脅かす生命的危機に抗して守るためにあらゆる努力を傾注する。自らの存在以外にもあらゆる有限存在は他の存在者において自分自身の存在を補完し、自分に取り込み同化できるものを受け取る。最終的にあらゆる存在者は、それが生み出し産出した存在者を愛する。というのは、生み出された存在者は、その原因と似たものとしてあるので、それらはいわばその存在を実体において、新しい形相のもとで伸長させ、多様化するのである。父親（père）、職人、芸術家、あらゆる形態の活動的な人は、当然自らの作品、それらを生み出すのに必要な素材そのものに喜びを見いだす。考えられるかぎり可能なあらゆる形態のもとでの活動への愛（amour de l'acte）は、存在と完全性への愛以外の何ものでもない。

ここで、形而上学の本来の概念は重なりあい交じりあうように見える。〈存在はあらゆるものの現実態である（*esse est actualitas omnium rei*）〉。〈すべてのものはそれが現実態であるかぎりで完全である（*intantum est perfectum unumquodque, inquantum est actu*）〉。したがって、〈すべての事物はそれが存在する程度に応じて善であるということは明らかである（*intantum est aliquid bonum inquantum est ens*）〉（ST. I, 5, 1）。最終的に実体のみが存在のはたらきをなすことができると述べたのであるから、すべてのものは存在現実態であって、単に可能態であったり、偶有的にあるにすぎないわけではないのは、それが実体としてあるからなのだ（ibid., 1ヲ）。実体の概念から始めると、同じように容易に、活動、作成、一般に操作の秩序を支配する概念を認識することができる。〈存在するあらゆるものはそれが存在者であるかぎりで善である（*omne quod est, inquantum est ens, necesse est esse bonum*）〉。善は望ましいものであるかぎりで存在であるのだから、すべてのものはその存在を愛し、それを保持し、完全にしようと望み、これらの目的にとって必要な活動を企てるのである。〈その結果、活動は、現実態で、ある存在の顕現のごときものとなる（*omne agens agit inquantum est actu; inquantum vero est actu, unumquodque perfectum est*）〉。すべての存在者は現実態にあるかぎりではたらき、現実態においてあるかぎりですべてのものは完全である）（CG. II, 41, 6）。すべてのものは、存在し、あるいは現実態にあり、あるいは完全であるかぎりではたらくという（つまり存在の度合いにおいて何も欠如していない）こと、善であるということ、これらはすべて同じことを意味している。すると、活動性は存在から形相因か起成因であるかのごとく生じ、善に向かうが、この善は目的因としてある。善とは存在の別名にほかならない。このように有限存在の宇宙は、それに欠けている存在と善を獲得するために、休むことなく作用しているのである。というのは、それらの各々が存在しているかぎり善であるとしても、存在していることと、善そのものであることは別のことだからである（CG. III, 21, 4）。

宇宙とはなんと尋常ならざるものなのか！　自然的に見れば自然的なものでありながら、しかし同時に超自然的な仕方でキリスト教的なものなのだ。この世界は、確固として安定し、時間のなかに創造されながら、しかし永遠にありつづけるものだが、その世界のなかで各々の事物に宿る本性は自らの存在と固有の実効性を持つのだが、世界そのものはただ神の実効性を通してのみ存在し、そして世界の存在とは神の実効性の結果としてあることなのである。そして宇宙は、その原因でありながら同時に目的でもある神の視点において、神の実効性を通してはたらく（opère）のである。

この宇宙にさらなる考察を加える前に、われわれがどこに向かおうとしているのか明確に意識しておいたほうがよい。われわれはここで自然科学、その対象、その方法、その目的に関わっているわけではない。自然科学それ自体はすぐれており、その領域の内部においては独立しており、形而上学から本来の意味での科学的な指導を受けているのではない。われわれがここで関わり、その存在そのものにおいて解釈しようとしているのは、全体としての、対象を引っくるめて捉えた科学の全体なのである。われわれは科学の可能性に関する科学的な説明を期待してはならない。形而上学はその対象が存在であるかぎりの存在であり、その形而上学だけがこの問いへの答えを出すことができるのである。

すべての存在者は、それに欠けている何らかの善を生み出し、獲得するために、つまり存在と善性において自らを発展させ完全にするために、はたらく。しかし神は絶対的存在、善である。あらゆる因果的な作用は、その作用を行う存在者をして、より神に似たようにはたらくことができるようにすることである。われわれが〈より似たように〉と述べるのは、些細なことかもしれないが、存在者(un être)は、それが存在しているかぎりにおいて神の似姿だからである。より高い完全性を獲得することで(つまり、その可能性の一部を現実化することで)存在を増大させ、そうすることで実体は神との類似性を高めるのである。実体が知ろうが知るまいが、望もうと望むまいが、実体はそれを行っているのである。すべてのものは、その活動のいずれにおいても、自分自身の個別な目的として、ある個別的な善を獲得しようと努めているが、その場合でも同時にそして同じ活動によって、神により似たものになることによって、さらなる普遍的目的を追究しているのでもある。

この物理的宇宙の共通の目標地点は、宇宙に対して、聖なる秩序に属する意味と目的地(destination)を与えている。しかし、これらの事柄においては注意が必要である。言葉にして語るのは容易でも、その意味は隠れているのだ。自然の宗教的目的性は、自然に対して外的な限定として付加されているわけではない。自然は、それ自体で、そして特殊な物理的メカニズムにおいて、絶対的存在と善性の類似性を絶えず増加させているのである。ここにすべての事物の目的があることになる。「すべてのものは神に似たものになろうとする（*omnia intendunt assimilari Deo*）」。それらは、運動のこの目的に向かいながら、自らの存在を保存しようとし、そして現実存在することに応じてそれらが分有している存在の純粋なはたらきの似姿となっているのである。「あらゆる事物は自らの存在をそれらが神と類似しているという事実から得ている。神は自存する存在そのものなのである。というのも、すべての事物はいわば存在の分有でしかないのである。このようにすべての事物は究極目的として神のようになることを求めるのである（*secundum hoc autem esse habent omnia quod Deo assimilantur, qui est ipsum esse subsistens, cum omnia sint solum quasi esse participantia. Omnia igitur appetunt quasi ultimum finem Deo assimilari*）」。それ自体が自らの目的とはなっていない有限実体が作用し、原因し、はたらくのはこの目的を獲得しようという意図をもってなのである。言語をこの限界まで繰り広げながら、聖トマスは、神的存在（l'être divin）を、現実存在する神の実体そのものとして記述する。「神の存在は、現実存在する神の実体なのである（*ipsum divinum esse est ipsius Dei existentis substantia*）」（CG. III, 20, 2）。これは神にのみ当てはまることだ。いかなる被造実体もそれ自身の存在ではないではないのだから、それ自身の善ではない。だからこそ、被造的実体は自らそうではないところのものを獲得しなければならないし、それができるのは、それらに欠けたものをそれらに付け加えることで、存在と善性を完成するべく目指された、諸活動を増やしていくことによってだけである。このように被造的実体は神を模倣しようと努めるが、しかしそのことが成り立つのは被造的実体が存在するかぎりにおいてだけでなく、自らの完全性を増やすために作用するかぎりにおいてもそうだ。「実体的存在に応じてのみならず、個別的なはたらきに応じても〔作用する〕。この作用は事物の完全性に属しているのである（*non solum secundum esse substantiale, sed etiam...secundum propriam operationem, quæ etiam pertinet ad perfectionem rei*）」（CG. III, 20. 6）。

このことは、物理的因果性が神の現実性の模倣であるということに等しい。原因する（causer）とは神と似たものになろうとすることだ。「事物は原因であるかぎりにおいて神のようになろうとする（*res intendunt assimilari Deo in hoc quod sunt causæ*）」（CG. III, 21）。実際、被造的存在が作用するという単なる事実から被造的存在が神のようになろうとすることを見たばかりであり、そして原因することなしに作用することができないのであるから、その作用を原因するという事実だけでもって神のようになろうとしているのであり、しかもそのことは他の存在者を原因しようとするのであるから、いっそう当てはまる。この点で聖トマスの教義はそのすべての構造（économie）を明らかにする。存在の純粋なはたらきである神にとって、諸存在者を原因することは、卓越して当てはまることであり、諸存在者はこの神の結果としてあるかぎりで、今度はそれらが他の存在者を原因することは卓越した仕方で適切なものとなる。キリスト教の神はさまざまな創造者を創造する一なる創造者ではなくて、さまざまな起成因を創造する一なる創造者なのである。

これこそ、起成因の概念に関して、近代哲学によって蓄積されたあらゆる困難、そしてすでにある中世の哲学者や神学者によってすでに蓄積されてきた困難の源泉なのである。聖アウグスティヌスと聖ボナヴェントゥラからマルブランシュとその数多くの学派に至るまで、われわれは数多くのキリスト教の師のなかに、この概念へのある不信を見いだす。起成因の概念のいずれのなかにも、何らかの点で存在の原因となるところがある。いまや、結果の存在を原因することは、それを創造することにも似たような危険なことになってしまうのだろうか。ここから、被造物に対して、創造者自身の原因の様態を帰することを避けるために、ある哲学者や神学者によって、緩和策が工夫された。アウグスティヌスやボナヴェントゥラの「種子的原理（raisons séminales）」〔将来起こるであろうことまで可能性に含む、事象生成の原理〕やマルブランシュの「機会原因（causes occasionnelles）」〔神だけが唯一の起成因であって、物体や精神には原因としてのはたらきを認めず、神の作用の機会と考える立場〕は、本来的意味での起成因であることを除去したうえで、起成因という現象を救うために意図された数多くの理論の一部なのである。ヒューム〔一七一一～七六年。イギリス古典経験論を代表する哲学者〕はこの点で誤っていたわけではない。懐疑主義として批判されたし、その批判は正当なものでもある。だがこの懐疑主義は、ヒュームの敵対者には欠けていたが、ヒュームには備わっていたある種の神秘的感覚を証言している。ヒュームに対立して、敵対者たちは、起成因と結果の関係に関する実在性と確実性を主張する点において正しかったが、前提から結論への純粋に分析的関係へと還元しようと望んでいたとすれば誤っていたのである。因果的効力の原型が創造的な活動であるような宇宙においては、起成因の概念は神秘のオーラに包まれている。というのも、それ自体では神秘ではないとしても、あらゆる事物のあいだにおいて、〈ありてある者〉が自由に諸存在者を原因した際の神秘的な活動に類似したものだからである。起成因の哲学的概念は、存在者を産出する力として理解される場合には、十分な権利をもってキリスト教哲学に属していると言えるのだ。それは存在のはたらきと同じ根拠で、そして同じ理由でまさにそうだ。というのも、原因とは存在に呼応したものだからだ。しかし、今やわれわれは出来事の次第がわかっている。神学は形而上学を生み出し、すると形而上学は、神学から発生してきたのに神学なしで済ませられることを誇るようになっている。形而上学はおのれが理解されていないことに気づいたのである。今度は哲学が、ある種の実証主義や批判という名目で形而上学に戦端を開いたのである。最も興味深いのは、その際、形而上学において大将たる人たちがとった態度である。形而上学の生き残りをより確実なものとするために、彼らは自分たちを絶対的な自立の擁護者として身を立てたのである。特に神学からの侵害から身を守るために、彼らは、川を源泉から切り離しながらも川が干上がらないように欲するような人たちと似ていた。なすべきなのはまったく反対のことである。起成因の形而上学的概念に含まれる哲学的問題は、起成因の着想の基となった神学的モデル、つまり創造の概念に関係づけなければ、十分に理解されることはない。

聖トマス・アクィナスの教義においてそれ以上に明らかなものはないと思えるのは、そこでは存在者が原因であることは、同時に存在者をして神に似たようなものにするということである。ここで原因の聖なる性質は、存在の聖なる性質と同じように顕著である。「神が他の事物に存在を付与したのは神の善性のゆえである。というのは、すべてのものは現実に完全であるかぎりにおいて作用するからである。それで、すべての事物は他の事物の原因となることによって自らを神に似たものにすることを望むのである」(CG. III, 21, 3)。実際、存在者の完全な活動性は、自らに似た他の存在者を産出できることに示される。そこですべての存在者は、他の存在者を原因しようと求めることで自らを完全ならしめようとし、そして自らを神に似たようなものにするのである(CG. III, 21, 6)。もう一度繰り返すが、このキリスト教哲学が、よりキリスト教的になるのに応じて、哲学として深化していく様子にふたたび驚くべきだ。被造物が何をなそうと、神の似姿ではないものであったり、神の似姿でないことをしたりすることはありえないからである。しかし、存在の次に、被造物がなす最も高貴なことは、他の存在者を原因することで神に似たものになろうとすることである。偽ディオニュシオスが述べるように「最も神的なことは神の協力者になることである（*omnium divinius est Dei cooperatorem fieri*）」。また、使徒の言葉で語れば、「われわれは神のために力を合わせてはたらく者である（*Dei sumus adjutores*）」（「コリントの信徒への手紙」第三章第九節）。

このことはわれわれ人間に最もよく当てはまる。人間を通してこそ、すべてのものが神に向けられるのである。しかし、それはまたまったく一般的真理でもある。というのも、実際すべての事物は知識を欠いた生物でもそれらの活動によって神へと向うものだからである。このように創造された世界において、個別的目的の追求は最終目的の追求と一致するのであり、すべての存在者は自分自身の幸福を求めることで至福を求めているのである。われわれ人間は、われわれがしていることを知っているが、しかしわれわれがしていることを意識していないとしてもそうするはずである。このことが、神への「自然的愛（amour physique）」〔人間に限定されずに自然のものすべてが有する神への愛〕として意味されていることであり、それが心をかき乱すのは被造的本性が何であるかを見失った者にとってだけであり、あらゆる人間の活動において、至るところに神の効力を伴って、浸透しており、人間の活動に宿り、そこで真に、存在、運動、生命を有しているのである。

他の教義を比較すると、この教義は、現実存在を欠いた本質の形而上学をも、本質を欠いた現実存在の形而上学をも同じように回避している。それは後者の意味での実存主義では決してない。この教義においては、すべての存在者はその本質によって定義される。人間性は、それ自身、定義の名辞によって固定される限界のなかで動く自由を有する本性である。つまり、認識する特殊な様態が理性的思惟であるような生命を有する存在なのである。自由の本来の目的とは、本質をさらなる完全なものにすべく実現していくことを確実なものにすることだ。理性的動物であることは定義に留まることではない、それはプログラム（programme）でもある。生まれてから死ぬまで、すべての人間は、個々人の能力に応じて、仕事をし、さらにいっそう認識する存在たるものになるべきであり、そしていつも理性の光に即して活動すべきなのである。そして、自分自身のためにだけでなく、社会のためにもそうすべきだ。認識する存在（être connaissant）という本性が課してくる運命を完遂することができるのは、他の理性的存在者と協力することによってだけであり、他の存在者もまた、自分と同じように、存在と善性の次元で可能なかぎり完全に自分自身を現実化しようとしているのである。すると、現実存在は本質から発して、本質において展開されるものであるが、それはその当の本質を現実化するためなのである。しかしにもかかわらず、それはある意味で非限定的な次元でなされる。というのも、それが実現しようとしている個別的な目的を超えて、実際には、本質が存在そのものであるかの者に向けられているからである。存在の純粋なはたらきに開かれた有限存在であることは、目的を持たない現実存在とはまったく異なっている。目的を持たない現実存在など、真空のなかで活動しようとする愚かでばかげた自由でしかない。それは、自然のものとして（comme une nature）、克己への途上にあるものとして決定された存在者であり、このことはこの人生がどこまで進んでも、その自由がさらなる進歩へと常に開かれているのである。

われわれは、宇宙開闢《かいびゃく》説が華やかに語られる時代に生きている。それは合理的な空想科学小説であるが、詩的想像力がいつもそうであるように、人間の束の間の認識（connaissances provisoires）を模範とする場合でも心惹かれるものである。このような宇宙に関する知性的解釈は自然についての物語のようなものだ。そこでは、知性は、限界を持った科学上の確実性をどこまでも検証しようとするのではなく、それを越えて自由に歩みを進めることができる。それこそ理性の自然の歩みであり、得られた成果は、〔物語のように想像力が〕想像上のデータから出発して得られたものとは違っているとしても、きわめて貴重なものである。そういった宇宙開闢説であっても、特定の限界の内部で実験的検証可能な科学的な法則、科学的な諸理論と区別するのであれば、宇宙開闢説の悪口を言うことにはならない。

宇宙の歴史を物語るのに、形而上学のほうが科学よりも資格があるわけではない。というのも、形而上学は歴史ではないからだ。存在（être）であるかぎりの〈存在（l'Être）〉の認識に中心を据えているので、宇宙は何であるかを述べることはできても、宇宙が今ある姿にどのようにして時間の経過のなかで進展してきたかを語ることはできない。創造の場面は、二つの異なった仕方で解釈できる。このことは、創造の特徴を変えることなく、可能である。いずれの場合でも、宇宙はヒエラルキーとして現れる。『対異教徒論駁大全』第三部第一節で記述されているヒエラルキーである。そこでは、自然のパターンは存在者の秩序に即して描き出されている。第一に、神がいる。「〔神は〕存在、原因作用……と支配において完全である（*perfectus in essendo et causando... et in regendo*）」。その次に知的な被造物が、神の似姿となるべく作り出される。その次に、天体が作られる。天体の質料は不可滅である。

その次に、生成と消滅に服する存在者が現れる。最終的に、第一質料（これもいま挙げたリストに付け加えることができる）は、神が被造世界に含まれる最も下位の存在者のなかに創造したものである。

人間精神はこれらのヒエラルキーの諸段階を異なった二つの方向で横切ることが可能である。一方は、ディオニュシオスがその著作で行ったように、最上位から最下位に降りる道筋である。もう一方は、底から頂点へと昇っていくものであり、これは哲学者たちの自然なやり方であり、精神が、結果から原因へと遡り、最後に、第一の創造されざる原因へと行き着いて立ち止まるものである。もっとも、現代的な科学はこのヒエラルキー的秩序のリアリティを問うこともない。そこではコントが述べるように、存在者とそれらを扱う諸科学は、複雑さにおいて上昇し一般性においては減少していくような順序で配列されているのである。唯一問題となるのは、このような創造の光景が、決定版として与えたヒエラルキーを描き出しているかということだ。もし逆に、突然の大変化（révolution）によって中断されているかいないかはともかくとしても、何百万年にも及ぶゆっくりした進化（évolution）の結果である場合にはどうなるのか。

形而上学は、この問いに対して答えを持たない。答えは、最も厳密な語の意味における「自然の歴史」に属するものだ。神学は、超越したものであるがゆえに、神の知識の光に類比的な光のもとで考えられたあらゆる問題に答える能力を有している。聖書が創造について歴史的説明を与えていることは周知のことだ。のちに、聖アウグスティヌスの例に見られるように、そしてギリシア哲学の静態的な性質に影響をまごうことなく受けて、創造の六日間の業を比喩的な記述として捉え、教育のない人たちのために考えられたものとみなすことが正しいとされた。創造とは実際には、神がすべてのものを同時に創造したという、単純で瞬間的な行為だったのである。「神はすべてのものを一度に創造した（*creavit omnia simul*）」（「創世記」第十八章第一節）。今日、奇妙な方向転換によって、宇宙に関する最も満足のいく見方と思えるのが、進化という概念によって支配された別の見方によって置き換わったのはそれほど昔のことではない。この進化という語がどのように理解されようと、その意味するところは、存在の秩序が長い歴史の結果として描写されているということである。すると、われわれはここで、「創世記」の物語について、文字どおりに解された、最も単純で、いわば人口に膾炙《かいしゃ》した意味に立ち戻ることになる。というのも、創造の日数が正確に六であるかどうか、その日が二十四時間から成り立つ日なのか、何十万年のことなのかはあまり問題ではないからである。問題となるのは、世界の現在の状態が歴史の産物であるということなのだ。いまや、形而上学者はそのことについて何も知らない。しかし、天文学者、物理学者、生物学者は自分たちが知っていると考えている。もしそれが正しいとすれば、神学者は少しも驚かないだろう。なぜなら、神学者はいつも知っていたからである。もし宇宙に進化があれば、神学者はその起源、究極の法則、その終末を知っている。〈ありてある者〉に始まり、神の摂理による、誤つことなき導きのもとで、存在の純粋なはたらきの効力が内から浸透してくる状態において、宇宙は究極目標に向けられている。そして、その究極目標とは神なのである。哲学は、世界と人類の究極目的といった事柄に関するかぎり、神学にとってほとんど役に立つことはない。科学と形而上学によって開かれた展望を超えて、この点に関するかぎり神の言葉に含まれた約束に頼らざるをえないのである。

これらの考えは、聖トマス・アクィナスの神学を表しているわけではないし彼の形而上学を表しているわけでもない。ましてや、自然の哲学の領域において真であると彼が結論したものでもない。われわれはここで人間のことを問題にしているのでもないし、倫理学や政治学を問題にしているのでもない。それらを語るのはわれわれの意図ではない。われわれの唯一の願いは、聖トマスの教義の残りのところが理解されるならば把握されるにちがいない、少数の文字どおり大文字の真理を可能なかぎり明晰に解明することだけなのである。

これらの真理はすべて、存在のある概念に基づいているが、それは聖トマスに固有なる概念であり、それなしにはトマス主義はその名前に値しないものである。この概念にこそわれわれは注意を集中しようとした。われわれは、その概念を、ある他の概念、たとえば、実体や原因といった形而上学の原理として認められているものと、どのように結びついているのか示すことで解明しようとしてみた。われわれはそれらが適用された様子については詳しく吟味しなかった。むしろ、それらに光を与え、解明することに自分たちの作業を限定した。というのも、いったん哲学者がそれらの意味を把握したならば、それらを実際に場面に応用する際に誤ることを恐れる必要はないからだ。たしかに、それらを応用することは、毎日の仕事にとっては十分ではあるが、しかし、この仕事は楽しみでもある。とはいえ、〈天使博士〉〔聖トマス〕のように、そしてその〈天使博士〉と似たような方法を用いる先生の指導のもとでならば、という限定はつくが。つまり、聖トマスが理解した意味で理解されたこれらの同じ原理から出発して、近代科学に知られているような感覚可能な経験の宇宙をこの原理の光のもとで解釈するということだ。

形而上学ではなく、神学こそが本来の意味での知恵としてありつづけ、真にその名にふさわしい諸学の唯一の女王であると考えるキリスト教徒のみが、これらの言葉に注意を払うだろう。キリスト教哲学の未来のすべては、偉大なるスコラ哲学の大家の時代に隆盛していた神学の本当の概念の復興が、予期され、意志され、希望されるということに左右される。その大家とは、オーヴェルニュのギヨーム、ボナヴェントゥラ、アルベルトゥス・マグヌス、トマス・アクィナス、ヨハネス・ドゥンス・スコトゥス、同じ課題に従事した、類《たぐい》まれなる精神を有する栄光ある人たちなどである。この復興が形而上学と科学の消滅を意味するのではないかと恐れる人たちは、ただ、その概念の本当の意味を理解していないことを如実に示している。彼らが形而上学を失うのは、彼らの神学を失うことによってなのだ。われわれの時代の不幸とは、〈聖なる教え（*sacra doctrina*）〔神学〕〉の必要不可欠の復興に最も関心を持っている人たちが、それを推進する権威も能力も持っていないように見える哲学者であるということだ。

神学者になるには準備が必要である。神学は先生のもとでのみ学ばれうるものであり、形而上学を五十年学んでも、初学者が、神学の基本的概念の意味を理解するには十分ではない。しかし少なくとも呼びかけることができるようになっていなければならない。神学がその本質の完全性を満たしていたときのように、神学をかつての姿に復興しようではないか。というのも、キリスト教哲学は、神学から自らを切り離したとたん、死に絶える運命にあるからだ。この価値ある願望の対象を、その遺産を保存する使命を持つ人たちと、そこからその遺産を手に入れたいと思う人たちから守らなければならないという、当惑するしかない立場にキリスト教哲学者を置き入れてはならない。神学に対する非キリスト教哲学者の態度を知ることはあまり重要ではない。長いあいだ、形而上学は彼らの手のなかで死んできたのだから。聖トマスの形而上学のみならず、プラトンとアリストテレスの形而上学についても、彼らは死んだものと宣言してきた。神学を蘇らせようとしている現代の人々に関して、誰でも自分自身のやり方で神学をしている。神の言葉への率直な訴えを行う唯一の神学が、神学者の間においてばかりでなく、哲学者のなかにおいても、声を大きくして語ることをなぜためらうのか。

たぶん、哲学者は耳を傾けないだろう。少なくとも、その一部の人たちは不安に思うだろう。しかし、それは確実なことではないし、いやそれどころかありそうにもないことだ。知性は、真理を認識するという道を歩んできた。知性は真理を耳にするやいなや、なぜそうなるかを知らないときでさえ、それが真理であることを認識するのである。これが成り立つのは真理とは知性の善であり、知性がいかに少ししか真理の姿を認めていないとしても、真理の深さを推しはかり、真に理解する以前であっても、知性は真理を愛しているからである。さらに、知性に真理に耳を傾けるようにさせなければならない。それこそわれわれが望めばいつもできることである。というのも、それはわれわれ次第なのであるから。そして、最終的には、現実態の実効性はわれわれの力が及ばないものなので、神がわれわれに求めることは、われわれが神の言葉に耳を傾けることなのだ。どんなキリスト教徒が、神に対して、神の言葉を聞くのを拒むということがあるというのか。

訳者解説

山内志朗

存在とは何か。喉元まで言葉が出てきても、そこに留まりつづけ、もどかしい気持ちのまま、表現せずにはいられない強迫だけが残る。存在とは、不変で一般的で空虚で自明なものなのか。ハイデガーは、西洋の伝統的な存在理解がそのようなものだと弾劾した。しかし本当にそうなのか。存在は、ありふれて平板で散文的なものというよりは、移ろいやすく毀れやすい非物体的なものではないのか。眼の前にあるもののあり方を「存在」の原型と考えることは奇妙ではないのか。

本当に存在するものは、目に見えるものではなく、関係的・流体的・過程的・力動的なものだ。そういった理解は古代からさまざまな形で表現されてきたが、最近では二十世紀末に多数表現されていた。その流れは、ドゥルーズが存在の一義性を語る姿にも及んでいる。そして、ここでジルソンの翻訳が今現れることになったのも、存在をめぐる問いが尽きることなく噴き出しつづけているからである。

エティエンヌ・ジルソン

エティエンヌ・ジルソン（一八八四年六月十三日〜一九七八年九月十九日）は、二十世紀における最大の中世哲学研究者である。ジルソンの著作の大部分は中世神学・哲学に関するもので、六十点以上にも及ぶ。関心の領域は中世に限定されず、言語学、音楽、美術などにもわたっており、九十四年に及ぶ彼の人生は精力的かつ多産である。

ジルソンの主著としては、『トマス主義――聖トマス・アクィナスの体系序論』（一九一九年刊、一九四二年の第四版から副題は「聖トマス・アクィナスの哲学序論」に改められた）、『聖ボナヴェントゥラの哲学』（一九二四年）、『聖アウグスティヌス研究序論』（一九二九年）、『聖ベルナルドゥスの神秘哲学』（一九三四年）、『アベラールとエロイーズ』（一九三八）、『ダンテと哲学』（一九三九年）、『ヨハネス・ドゥンス・スコトゥス――基本的立場への序論』（一九五二年）などがある。彼はこのようにそれぞれの思想家について深く掘り下げた包括的研究書を著すほか、中世哲学の通史として『中世における哲学』（仏文、一九二二年）、『中世におけるキリスト教哲学』（英文、『中世における哲学』の英語版、一九五五年）などを出している。また、問題領域別に中世哲学の特徴を整理した『中世哲学の精神』（一九三二年）がある。また、トマス・アクィナスの存在理解を中核として、中世哲学における存在理解を包括的に研究した『存在と本質』（一九四八年、増補された第二版一九六二年）や『存在と哲学者たち』（一九四九年）などがある。

修道院や神学校に埋もれていた中世哲学を中世全般にわたって精力的に紹介しつづけた結果、中世哲学は広く知られるようになった。ストラスブール大学、ソルボンヌ大学、コレージュ・ド・フランスで中世哲学を講じたほか、一九二九年にはカナダのトロント大学中世思想研究所の創立に関わるとともに、そこで精力的に研究活動を行った。一九二六年には雑誌『中世学説文献史誌』（*Archives d'histoire doctrinale et littéraire du Moyen Âge*）を、一九二九年には叢書『中世哲学研究』（*Études de Philosophie Médiévale*）を創刊編集し、中世哲学を広く知らしめることにおいて余人の追随を許さない際立った功績を遂げた。

トマス・アクィナスの研究を中心としながらも、アウグスティヌス、アベラールなど主要な中世の神学者について著作を著しているばかりでなく、中世哲学の通史や概説書、近世から現代に至る思想の系譜をたどったもの、言語学や美学関係や文学関係の著作など、その関心の及ぶ範囲は途方もなく広い。これはジルソンの個人的資質というよりも、ソルボンヌの知的伝統の中に、レヴィ＝ブリュール、ジャン・ヴァールに見られるように、哲学に限定されず、多面的に活躍するのを「文人」の業と考える伝統を継承したものである。

ジルソンが日本の中世哲学研究の進展に及ぼした影響も計り知れない。中世哲学、しかもその存在論と言えば、時代的にも地域的にも宗教的にも主題としても、現代の日本には馴染みにくく縁遠い問題にも見えるが、その問題への関心を日本の哲学会に喚起した一因にジルソンがいる。中世哲学全体の見通しを与えるとともに、存在の問題への沈潜を迫ったことは大きな貢献である。山田晶の影響の方が大きいように思われるが、ともかくも山田は『トマス・アクィナスのエッセ研究』（創文社、一九七八年）において、ジルソンのトマスのエッセ理解を批判することを目指して、その研究を進めたことを記している。ジルソンの存在理解が研究の基盤となり、それを出発点としながらも批判することで自分の研究を進めることができたのである。

存在理解が激しい論争を引き起こしたことは記憶に留められるべきである。山田晶のジルソン批判に対して、ジルソン擁護の立場に立ったのが、安藤孝行であり、彼はジルソンの『存在と本質』を苦労して翻訳することとなる。

ジルソンがトマスの存在《エッセ》をどう解釈したかがここでの問題であるし、この『キリスト教哲学入門』の中心でもあり、激論が交わされつづけているのではあるが、問題の姿を見極めるのはとても難しい。何度も存在と本質と現実存在の関係を行きつ戻りつしながら、自分で仏像を刻むように、その姿を確定していくしかないと思う。存在は抽象的であるがゆえに理解しがたいことも一因としてあるが、さらに世界と生命への立ち位置の確定を迫ってくるからだろう。

ともかくも、存在をめぐる論争は激しく、あまりにも熱い。存在概念の放つ躍動と噴出を次のエピソードは如実に示している。今なお研究を邁進されている現代におけるトマス哲学研究の泰斗、稲垣良典が『トマス・アクィナス「存在」の形而上学』（春秋社、二〇一三年、七〇頁）で紹介しているエピソードだが、昭和四十一年の日本哲学会シンポジウムで、提題者であった山田晶教授に、安藤孝行教授が、激しい口調で「私にはトマスが『存在《エッセ》』という言葉で何を言おうとしているのか、どうしても解らない。トマス研究者である貴方からぜひ確かな答えを聞きたい。いったいトマスの言う『エッセ』とは何ですか」と詰問したという。

その安藤教授は、ジルソンの『存在と本質』を「二十世紀における哲学・哲学史の最良の書」と銘打って、翻訳出版した。もちろん、そこには、山田晶教授のジルソンに対する低い評価が背後にある。つまり、ジルソンの最高傑作は『中世哲学の精神』であり、「晩年のジルソンは奇妙なトマス解釈に傾斜し、それに凝り固まっていった。晩年に書かれた多くの著作はいたずらに量のみ厖大にして内容の乏しいものになっていった」（山田晶『在りて在る者』創文社、二〇〇四年、xxiv頁）という言葉はグサリと心に刺さる。一九五〇年のローマで行われたトマス学会では、当時のトマス主義の最高権威ガリグー゠ラグランジュから屈辱的な言葉を浴びせられ、ジルソンの異端性を周知させると脅迫されたという。このようにジルソンを嫌う者は少なくない。そして、安藤教授は、山田教授の言葉に「到底同意できない」と述べ、『存在と本質』の翻訳に向かったのである（ジルソン『存在と本質』安藤孝行訳、一九八一年、行路社、訳者序文九頁）。

存在をめぐるジルソンの問い

存在をめぐる熱い論争とは裏腹に、「存在とは何であるか」という問いが哲学の中心問題であると述べると、驚く人が多い、いや多すぎる。「存在」とは自明な概念なのである。しかしながら、「存在とは何か」と問われると、「時間とは何か」を問われる場合と同じで、問われるまではわかっていたように思えて、問われて答えを出そうとすると途端に答えに詰まり、わからなくなってしまう。存在とは、一口サイズでふわっとして食べやすいものではない。激しく湧出する様を見るために、退いてみなければならない泉のごときものだ。

目の前にあるものが「存在」を捉える場合の原型であることをわれわれは徹頭徹尾仕込まれている。

経験主義や感覚主義的な認識論が深まってしまって、唯物論的思考があまりにも広く行き渡ってしまって、存在を問うことを愚かと見る人も多い。

むしろ「存在」とは、抽象的な概念でありながら、千差万別の顔の表情をもち、それは仏が万物に顕現したり、宇宙が幾千万ものモナドの中に表現されることと同じく、具体的かつ多様な仕方でわれわれに与えられている。「存在とは何か」と問うことは、そういった個別性に沈潜することである。中世スコラ哲学がいかに抽象的な議論に明け暮れていたように見えても、それを「存在忘却」の典型例と断じるのは早計なのである。

とはいいながらも、存在の多様性を叫んでいても仕方がない。存在の概念を語ることができなくとも、存在を何らかの仕方で語るしかない。そのためには、本質との関係や現実存在との関係を持ち出すしかない。「本質」は、定義によって表現される一般的なものであり、一なる分解されないものであり、不変で永遠なるものとされてきた。他方、「存在」となると、実在世界にあることと、それ以外に命題を構成し、主語と述語を結びつけ、判断を成立させるものとしての「存在」がある。これは、インド・ゲルマン語族の存在概念が担った特徴である。後者が「命題の合成」や「命題の真理」を表すと考えられたが、前者の「存在」も「……がある」を指すと考えれば理解しやすい。

「……がある」ということは、現実存在（existentia）ということなのだが、この現実存在は内実や内包を持たない、剝き出しの「あること」とも見えなくもない。本質を持つものであれば、「それは何か」と問われて、「……はかくかくである」と答えられるが、現実存在は述語を付すことができない。同語反復的に「……はある」、「あるものはある」としか言えない。すると、ここからハイデガーが

『存在と時間』で述べた伝統的な存在理解においては、存在概念が自明で、最も一般的で、空虚である、ということが当てはまってしまう。自明で、最も一般的で、空虚なものは、探求されるべき価値を持っていない。さらに、ハイデガーは、西洋哲学の歴史が存在忘却の歴史であると告発する。中世存在論に足を踏み入れようとするとき、ハイデガーの告発状は多くの人の心も私の心も挫いた。しかしその挫きへの対抗から多くのスコラ哲学研究が生まれた。確かに中世哲学は高度な思索力を蕩尽し続けている知的空間だが、書物や文字に依存しきっている近代以降の人間では到達できない、高度な、いや無駄なばかりに高度な、だからこそよなく尊い構築物を構成したと思う。敵対する立場から見れば、人間性を蹂躙する悪魔的な概念の機械かもしれないが、それは敵対という関係が総ての敵対に含まれる本質を発揮して、存在を訂正不可能なほどに歪めてしまうからだ。

ここでジルソンの存在理解について簡単に触れておく。ジルソンの存在《エッセ》解釈の特徴はどこにあるのか。その要点は、存在《エッセ》を「存在のはたらき／存在の現実態（acte d'exister）」と考えることだ。もちろん、これはトマス自身が存在《エッセ》を存在現実態（actus essendi）として整理している以上、当然のことでもある。ここでは存在は現実存在（existence）と同義なのである。

存在《エッセ》は本質とはまったく別の次元に立つことがらであるとジルソンは考える。「……とは何か」という問いに対して、答えとして与えられ、「……はかくかくである」と答えるときに、本質《エッセンチア》が与えられる。本質追究の学問こそ、ギリシアの哲学の基本的営為であった。ジルソンは、ギリシア的哲学ではなく、キリスト教的哲学の可能性を追究し、その出発点をモーセが伝えた「われは〈ありてある者〉である」という言葉に求める。〈ありてある者〉というとき、そこに本質は何ら記されてはいない。そこでの「ある」こそ、本質が語られることなく、世界に立ち現れ、人々との関わりと語りの場に現れることとなるはたらきであり、活動なのである。しかも、その「ある」は抽象的で一般的で、同一性を示すものではなく、個別性を備えたものであり、世界への表れという点では共通でも、それぞれが一般性へと解消されない個別性を備えていると考えた。そして、その「ある」を現実存在《エクシステンチア》と同義のものとして考えた。ジルソンは、存在《エッセ》は、本質ではなく、存在のはたらき／現実態であると何度も強調するが、その意図は以上の点にある。

しかし、ジルソンの解釈はさまざまな批判を受けてきた。ジルソンは、トマスの立場をエグジスタンシアリスムと整理する。エッセンシアリスム（本質主義）と対立するものと考えるのである。そして、このエグジスタンシアリスムは実存主義（existentialisme）とは異なるとジルソンは主張する。言葉も綴りも同じだが、内容は異なる。

現実存在が何よりも個別的で具体的な状況を指し、そして実存主義は思索よりも実践を、「見る前に跳べ」を指針にするとき、異質のものとなるしかない。二十世紀の実存主義をどう捉えようと、ジルソンの語るエグジステンシアリスムと重ならないことは当然のことであり、ジルソンが非難される理由はない。

問題となるのは、エッセンシアリスムとしてジルソンが考えているものである。トマス以外のキリスト教哲学者をほとんどがエッセンシアリスムに陥っていると見倣す。アウグスティヌスもまたエッセンシアリスムなのである。

ジルソンのキリスト教哲学

ジルソンの存在理解について詳しく記すことはできない。関連する文献は膨大であるが、以下の書をさらに知見を深めたい方のために挙げておく。

山田晶『トマス・アクィナスの《エッセ》研究』創文社、一九七八年
山田晶『在りて在る者』創文社、二〇〇四年
稲垣良典『トマス・アクィナス』講談社学術文庫、一九九九年
稲垣良典『トマス・アクィナス「存在」の形而上学』春秋社、二〇一三年

このように、ジルソンの中世哲学研究に対する貢献度は計り知れないほど大きい。そして、その存在理解は大きな論議を引き起こしてきたとは言え、中世哲学研究にとっても、トマス・アクィナス研究にとっても重要である。その問題点については、日本の研究者によっても何度も指摘されてきた。

では、今回翻訳することになったこの書について、どのようなスタンスで臨めばよいのだろうか。晩年に書かれたジルソンの『キリスト教哲学入門』を翻訳するに当たって、言いがたい当惑の中で作業が進んでいったことは報告するしかない。一九三二年に書かれた『中世哲学の精神』は、中世哲学を概観できる名著としての評判は高い。邦訳も存在しながら、現在も十分大きな意義を有するこの邦訳が復刊されないのは不可思議である。ジルソンのほかの著作としては、一九四八年に書かれた『存在と本質』がある。アヴィセンナやヘンリクスやドゥンス・スコトゥス、唯名論などの評価について、

違和感を覚えてしまう。特にトマスを引き立てるために、トマス哲学に中世スコラ哲学の黄金時代があり、それ以降崩壊していったというのは、やはり時代錯誤にしか見えない。その後のジルソンの著作を読んでいない以上、評価することは私にはできないが、ジルソンの研究活動の盛期は比較的初期あったというのは十分ありうることである。

ジルソンの基本的立場は、近世以降の哲学が観念論の傾向を帯びているのに対し、実在論の立場をとる。ジルソンの存在理解は、『トマス主義』(第四版、一九四二年)において大きく変質を遂げた。存在《エッセ》を存在の現実態と捉え、本質《エッセンチア》との対極的に捉えるようになったのである。トマスの思想には、存在《エッセ》に、本質《エッセンチア》の意味を含めるところが数多くありながら、ジルソンは独自の読み方を進める。この点はトマス解釈の問題だけではなく、ジルソンの存在理解の問題でもあり、簡単に誤読と考えてよいわけではない。

この書『キリスト教哲学入門』は、一九六〇年に書かれたものであり、ジルソンの晩年の著作の一つである。七十六歳のときの著作である。一般的に、ジルソンの中世哲学研究は、トマスにおける存在《エッセ》が、存在のはたらき/現実態、現実存在《エクシステンチア》であることの革新性と意義と独自性を取り出すことにあったといってもよいだろう。そのために多くの著作では、アウグスティヌスやドゥンス・スコトゥスなどとの対比において、トマス以外の人々は、エッセンシアリスムの名の下に断罪されたり、また現代の実存主義がエグジスタンシアリスムということで、トマスの立場と名前を同じにしながら、内実を異にする、さらにハイデガーの批判は的外れであるなど、対外的な反撃に追われているところがある。しかし、この『キリスト教哲学入門』では、もはや防御的な姿勢は少なくなり、自分の考えを素直にかつ大胆に表明している様子が窺える。

ジルソンは、この書の冒頭で、「キリスト教哲学」という概念の成否について論じている。一見すれば、回りくどい論述に思える。しかし、ここで立ち止まって考えるべき論点がある。

キリスト教と哲学は、前者がヘブライズム、後者がヘレニズムに由来し、相容れないものとは捉えないまでも、両者を結びつけるのは容易なことではないと考えられてきた。神学と哲学、信仰と理性など、両者の対立を探求してきた思想家は枚挙にいとまがない。トマスの立場は、古来「恩寵は自然を廃棄するのではなく、完成する」という言葉が広く伝えられてきたことに見られるように、恩寵（神学）と自然（哲学）が対立するのではなく、信仰が哲学や理性を完成すること、だからこそ「哲学は神学の婢《はしため》」というような序列を考えていたとされる。ジルソンは、そういった神学と哲学の一体化を推し進めるべく、「キリスト教的哲学」という概念を提唱する。これは、モーセが、神の記述として「ありてある者」と述べたことに、存在概念の起源があると考えているからである。存在概念を最初に定式化したのは、プラトンでもアリストテレスでもなく、モーセである。すなわち、最初の哲学者はモーセであり、当然そこにキリスト教哲学が始原を見出すのである。したがって、神学的枠組みの中での哲学としてキリスト教哲学があり、それを推し進めることがジルソンのモチーフだったのである。

この訳書について

この翻訳書について述べておく。序文、第九章、十章は山内が、残りの第一章から八章までは、松本鉄平君（慶應義塾大学大学院文学研究科博士課程、現在フランスに留学中で、訳文の半ばはその地から送られてきた）が下訳を行い、全体がそろったところで統一性を与えるために最終的には山内が訳語の調整など、訳文を最終的に決定した。誤訳など訳文の責任は山内にある。

松本鉄平君は、学部の卒論と修士論文において、ジルソンの存在理解をテーマに取り上げた。卒論が「Étienne Gilson における Être の問題」（二〇〇九年度）、修論が「エティエンヌ・ジルソンにおける普遍性の問題とキリスト教実存主義」（二〇一一年度）であり、この解説を書く上でも両論文に大いに裨益された。松本君は、ジルソンの存在理解の変遷と核心を辿るべく、貴重な研究を行った。松本君のジルソンへの思い入れは通り一遍のものではなく、その訳文は正確で、表現の足りないところは、文意を踏まえて補いながら、分かりやすい訳文を作成してくれた。山内の方では、日本の中世哲学における慣用を踏まえて表現に改めた場合もあるが、その勢いのある訳文をできるだけ残した。改悪になっていないことを願う。

この書は、ジルソンが七十六歳にして刊行した本であり、油の乗りきった時代に書かれた『トマス主義』『存在と本質』などに比べれば、小著である。他の書ではトマスの存在論を他の哲学者との対比を示しながら論究する姿勢が目立ったのに対し、この書では、トマスの哲学をモデルとしながらも、トマス哲学の解釈としてではなく、中世哲学を、彼の心に残り、映じた姿を記している傾向が見られる。トマスのテキストに即し、その理解を記しているが、トマスの特質を際立たせようという意図がないためか、『存在と本質』に見られるような屈曲した論述は少なくなっている。『中世哲学の精神』は、基本問題の外観に徹したために、コンパクトな中世哲学概説書として評判が高い。他の研究書は厖大にして、読みにくいのとは対照的である。この『キリスト教哲学入門』は、小著として、老境に入ってから心に残った中世哲学が記されているためか、比較的簡潔で読みやすい。ジルソンのトマス理解の真髄はジルソンの別の書に譲るしかないが、中世哲学への入門書として格好の概説書となっていると思う。一九六〇年の刊行と時代は少し経ったが、研究が進展して中世哲学の全貌が見えにくくなってしまった現在、このジルソンの入門書は、中世哲学への展望を与えてくれるものである。

なお、訳語について若干記しておくと、exister, existence は、訳語としての整合性を求めて、「現実存在する」「現実存在」と訳したが、神については慣用を優先し適宜「実在」とした。

慶應義塾出版会編集部の村上文さんには、企画の提案から、作業の督励、訳文の調整など、全面的にお世話になった。慶應義塾大学出版会では中世哲学の書物がこの後もいくつも計画されていると聞く。中世哲学書の泉が一つ新しくここに生まれたことを慶賀したい。

文献表

原著の第二版（二〇一一年）にはジルソンの著作の書誌情報、ジルソンに関する研究書、この書に扱われたテーマに関連する研究文献、現在の研究状況を示す最新の研究文献に関する文献表が収められている。この翻訳では専門家向けの情報であると考え、割愛した。ジルソンが本書の中で言及している文献表を付しておく。また、ジルソンの著作で邦語に翻訳された代表的なものを挙げておいた。

Del Prado, Norbertus, *De veritate fundamentali philosophia christianæ*, Fribourg, 1911

Descoqs, Pedro, *Institutiones metaphysicæ generalis. Éléments d'ontologie*, Paris, G. Beauchesne, 1925

Gilson, Etienne, *Jean Duns Scot. Introduction à ses positions fondamentales*, Paris, Vrin, 1952

Gredt, J. *Elementa philosophiæ aristotelico-thomisticæ*, 2 vols., Friburgi Brisgoviæ, Herder, 1932

Maritain, Jacques, *Le Docteur Angélique*, Paris, Desclée De Brouwer, 1930

Œing-Hanhoff, Ludger, *Ens et Unum convertuntur : Stellung und Gehalt des Grudsatzes in der Philosophie des hl. Thomas von Aquin*, Münster i. W., Aschendorf, 1953

Roland-Gosselin, M.-D. *Le « De ente et essentia » de Saint Thomas d'Aquin*, Paris, Vrin, 1926

ジルソン著作の翻訳

『中世ヒューマニズムと文藝復興』佐藤輝夫訳、白水社、一九四〇年、めいせい出版、一九七六年
『中世哲学史』渡邊秀訳、エンデルレ書店、一九四九年
『キリスト教と哲学』下宮守之訳、創造社、一九六五年
『言語学と哲学』河野六郎訳、岩波書店、一九七四年
『中世哲学の精神』服部英二朗訳、筑摩書房、一九七四、七五年
『神と哲学』三嶋唯義訳、行路社、一九七五年
『理性の思想史』三嶋唯義訳、行路社、一九七五年
『アウグスティヌスとトマス・アクィナス』（共著）服部英次郎、藤本雄三訳、みすず書房、一九八一年、改訂版一九九八年
『中世における理性と啓示』峠尚武訳、行路社、一九八二年
『絵画と現実』佐々木健一ほか訳、岩波書店、一九八五年
『存在と本質』安藤孝行訳、行路社、一九八一年、改訂版一九八六年
『アベラールとエロイーズ』中村弓子訳、みすず書房、一九八七年

著者

エティエンヌ・ジルソン　Étienne Gilson

1884年生まれ。中世哲学研究者。リール、ストラスブールの大学で教鞭をとった後、パリ大学で中世哲学史を教える。コレージュ・ド・フランスの中世哲学史教授、カナダのトロント大学中世思想研究所の所長を歴任。著書に、『中世哲学史』、『中世哲学の精神』、『存在と本質』など多数。1978年没。

監訳者

山内志朗　Shiro Yamauchi

1957年生まれ。慶應義塾大学文学部教授。東京大学大学院博士課程単位取得退学。新潟大学人文学部教授を経て現在に至る。著書に、『普遍論争――近代の源泉としての』（平凡社ライブラリー）、『天使の記号学』（岩波書店）、『「誤読」の哲学――ドゥルーズ、フーコーから中世哲学へ』（青土社）など多数。

訳者

松本鉄平　Teppei Matsumoto

1987年生まれ。慶應義塾大学大学院文学研究科仏文学専攻前期博士課程修了。同大学院後期博士課程、フランス・ボルドー第三大学博士課程在籍中。修士論文は『エティエンヌ・ジルソンにおける普遍性の問題とキリスト教実存主義』。

キリスト教哲学入門
——聖トマス・アクィナスをめぐって

2014年7月30日　初版第1刷発行
2023年2月22日　初版第2刷発行

著　者————エティエンヌ・ジルソン
監訳者————山内志朗
訳　者————松本鉄平
発行者————大野友寛
発行所————慶應義塾大学出版会株式会社
〒108-8346　東京都港区三田2-19-30
TEL〔編集部〕03-3451-0931
〔営業部〕03-3451-3584〈ご注文〉
〔　〃　〕03-3451-6926
FAX〔営業部〕03-3451-3122
振替　00190-8-155497
https://www.keio-up.co.jp/
本文組版———株式会社キャップス
装　丁————中垣信夫＋大倉真一郎［中垣デザイン事務所］
印刷・製本——中央精版印刷株式会社
カバー印刷——株式会社太平印刷社

Printed in Japan ISBN978-4-7664-2152-1